Wo die Riesen schlafen gehen

D1666474

Ruth Richter

Wo die Riesen schlafen gehen

Mein Sommer auf der Alm

Karin Fischer Verlag (KFV)

Ein erklärendes Wort vorab

Wie kommt man auf die Idee, einen Sommer als Sennerin auf einer Alm zu verbringen?

Das werde ich oft bei meinen Vorträgen gefragt. Die Idee war auf einmal da und ganz lebendig, als sich die besondere Möglichkeit ergab.

Immer schon wollte ich Landwirtin werden. Aber als ich 16 Jahre alt war und die Suche nach einem Ausbildungsplatz begann, nahm kein Landwirt ein Mädchen – schon gar nicht eines, das nicht von einem Bauernhof kam.

Ich habe trotzdem die Ausbildung auf einem Bauernhof gemacht in der »Ländlichen Hauswirtschaft«. Das Arbeiten und Leben in diesem Umfeld haben mich sehr geprägt.

Im Jahr 2006 gab es einige Veränderungen in meinem Leben, die mich zu einer Neuorientierung motivierten, Lust auf Neues weckten.

Ich wusste davon, dass es im Gsieser Tal in Südtirol (Italien) kleine Almen gibt, die im Sommer bewirtschaftet werden. Wenn die Bauern keine Familienangehörigen haben, die die Hütten versorgen, suchen sie sich manchmal Fremde für die Tätigkeit. Wäre das nicht eine Chance für mich? Das klang nach Bauernhofersatz für einen Sommer: Tiere versorgen, Milch verarbeiten, Heu einfahren – das wollte ich machen. Auf keinen Fall wollte ich Gäste mit Kaiserschmarren und Cappuccino in einer Gaststube bewirten.

Also setzte ich im November 2005 eine Anzeige ins GSIESER GEMEINDEBLATT und bekam kurz vor Weihnachten Antwort von Martina Burger: Eine Alm hätten sie und würden mich gerne kennenlernen. Nach einigen E-Mail-Wechseln hin und her stand für mich fest: Die drei Sommermonate 2006 verbringe ich auf der Alm.

Ich erzählte überall von meinen Plänen, und schnell meldeten begeisterte Freunde und Verwandte ihre Besuche an, die dann bei mir Urlaub machen wollten. Einige Betten und ein Matratzenlager gab es.

Ostern, während eines Aufenthaltes im Gsieser Tal, lernte ich Familie Burger persönlich kennen. Der Bauer, Franz Burger, war sehr skeptisch und malte mir das Almleben einsam, kalt, nass, gefährlich und anstrengend aus. Seine Frau Martina, die ich ja auch schon von den E-Mails her kannte, relativierte manche Darstellung ihres Mannes und bot mir an, meine Wäsche zu waschen – aber nicht zu bügeln.

Außerdem lernte ich die Söhne kennen: den ältesten Sohn Andreas, zwölf Jahre, groß, still und schüchtern, und den jüngeren Sohn Elias, zehn Jahre, groß, offen und interessiert.

Nach einigem Verhandeln und längerer Überzeugungsarbeit, dass ich die Richtige sei, einigten Franz Burger und ich uns auf folgende Zusammenarbeit: Ich komme am 3. Juli ins Tal auf die Stumpfalm, und er arbeitet mich 14 Tage ein. Wenn er zufrieden ist, darf ich den Sommer über bleiben – wenn nicht, schickt er mich wieder nach Hause.

Als ich nach diesem ersten persönlichen Kontakt wieder zuhause war, sagte ich mir und meinen potentiellen Urlaubsgästen: »Wenn der mich 14 Tage aushält, habe ich Glück, aber aus dem ganzen Sommer wird wahrscheinlich nichts.«

Dass es ganz anders kam – davon berichtet mein Tagebuch.

Ankunft auf der Stumpfalm

Dienstag, 4. Juli

Jetzt fühle ich mich schon fast wie zuhause. Die erste Mahlzeit, das Abendessen, haben wir genossen. Wir sitzen in der großen Küche, der Holzherd heizt tüchtig ein. Lucie hat Maultaschen in Brühe gemacht, und wir haben die Reste von der Fahrt vertilgt. Der provisorische Kühlschrank ist eingerichtet, Elektrizität gibt es ja nicht. Alle Koffer und Kisten haben ihren Platz gefunden. Es gibt keine Schränke hier, es könnte ein Sommer »aus dem Koffer« werden. Die Kleider hängen an Haken an den Wänden aus Zirbelholz. Das duftet herrlich und verleiht der Hütte ihren typischen Geruch.

Die Alm liegt auf 1.975 m Höhe und steht auf einem gemauerten Stallfundament, das weiß verputzt ist. Hier haben die Rinder und Kühe nachts ihre Bleibe. Es gibt eine Milchküche mit Melkmaschine und Spüleinrichtung. Außerdem gibt es einen Kühlraum und eine Garage als Abstellraum. Auf diesem Fundament steht die Hütte, ganz aus Zirbelholz gebaut. Vom kleinen Eingangsbereich führt eine Treppe nach unten in den Stall, eine Treppe nach oben aufs Matratzenlager und eine Tür in das Badezimmer. Hier gibt es sogar eine Dusche und warmes Wasser. Der Durchlauferhitzer, der das möglich macht, wird über eine Gasflasche in der Garage beheizt: ein Luxus, den alle noch sehr genießen werden.

Geht man von der Eingangstüre geradeaus, steht man in der behaglichen Küche. Sie ist das Herz der Hütte. Von hier zweigt ein Schlafzimmer mit zwei Betten ab, das »Hirtenzimmer«. Daneben öffnet sich die Türe zur »Guten Stube«. Eine umlaufende Holzbank, Tisch, Schrank und ein ausrangiertes Sofa geben dem Raum seinen eigenen Flair. Auf der gegenüberliegenden Seite führt eine weitere Tür in ein Schlafzimmer mit Doppelbett, das »Sennerinnenzimmer«. Die letzte Türe führt von der Küche in die »Speiß«. Auch hier steht ein Bett. Ansonsten befinden sich hier Regale für Kessel und Vorräte.

Oben auf dem Dachboden gibt es noch acht Matratzen. So sieht sie aus, »meine« Almhütte, klein, einfach, aber urgemütlich. Beheizt wird die Hütte durch den Holzherd in der Küche. Die Wärme kann bei offenen Türen durchs Haus ziehen.

Am Donnerstag kommen die ersten Gäste: Rainer und Gabi mit Hannes (zwölf Jahre), Lena (zehn Jahre) und Tom (acht Jahre). Wenn dann am Samstag Bauer Franz mit seinen Söhnen, die Kühe und die Rinder kommen, dann wird's schon eng hier.

Lassen wir den Tag noch mal Revue passieren: 4 Uhr – aufstehen, 5 Uhr – Abfahrt aus Rott.

Die Fahrt klappt reibungslos, und mit drei Pausen sind meine Mutter Lucie und ich um 16 Uhr bei Burgers am Hof.

Hier werden wir mit Holunderblütensaft und Kaffee empfangen, und gleich geht's los mit einer wichtigen Formalität. Ich bekomme das Schreiben der italienischen Verwaltung, das mich legitimiert, Wirtschaftswege zur Alm mit dem Auto zu befahren. Das klebt jetzt ordnungsgemäß an der Autoscheibe. Dann fährt Martina uns hoch zur Alm. Lucie muss bei ihr im Wagen mitfahren, weil Martina Sorgen hat, mein Auto sei sonst zu schwer. Bernd, mein Mann, hätte seine helle Freude an der Tour gehabt: Waldwege entlang, scharfe Schotterkurven und zwei Wasserdurchquerungen. Dann sind wir endlich auf der Alm. Wir besichtigen gemeinsam die Almhütte und lernen die ersten wichtigen Handgriffe für das Leben »auf der Alm« kennen. Martina meint, die Hirten und die Tiere kämen am Samstag, wir sollten die Tage bis dahin noch in Ruhe genießen. Und dann sind wir alleine. Ich bin gespannt, was der morgige Tag für eine »Sennerin« und ihre Mutter »auf der Alm« bringt.

Mittwoch, 5. Juli

Lucie und ich haben gut geschlafen und machen uns Frühstück. Danach richten wir uns die Hütte her. Die Wassertonne, die wir mitgebracht haben, kommt in den Wassertrog vorm Haus, als Kühlschrankersatz. Bald stellen wir fest, dass hier den ganzen Tag die Sonne drauf scheint. Deshalb hat diese Idee bald ausgedient. Der kühle Raum neben der Milchküche ist der bessere Kühlschrank.

Den Vormittag verbringen wir strickend auf der Bank vor der Hütte. Lucie hat einen großen Topf Gemüsesuppe gekocht. »Falls sich doch ein Wanderer zu uns verirren sollte, können wir ihm was anbieten«, ist ihre Begründung. Wir kennen die Gegebenheiten noch nicht und wollen auf alles vorbereitet sein. Es lässt sich aber bis nach dem Mittagessen niemand blicken.

Plötzlich hören wir Motorengeräusche, und ein Traktor mit Anhänger fährt vor. Es ist Franz, der die ersten beiden Kühe bringt. Ich helfe ihm, den Stall freizuräumen und die Tiere anzubinden. Er käme gleich wieder, meint er. Noch zweimal fährt er den Weg herauf, dann stehen sechs Milchkühe im Stall. »Die Hirten sind auch mit den Rindern unterwegs«, sagt er. Soviel zu den ruhigen Tagen bis Samstag, nein, es geht heute schon los.

Dann ist es fünf Uhr, die Kühe und Rinder sind da und mit ihnen Bauer Franz und seine Jungen, Andreas (zwölf Jahre) und Elias (zehn Jahre). In der Frühe haben sich die Hirten mit den

Rindern zu Fuß auf in die Berge gemacht. Dabei benutzen sie keine Wege, sondern treiben die Tiere ganz langsam durchs Wiesen- und Waldgelände. Die Tiere fressen unterwegs und müssen ihren Tagesbedarf an Futter decken. Zwischendurch wird eine ausgiebige Mittagspause gemacht, damit die Tiere wiederkäuen können.

Und so brauchen die Hirten den ganzen Tag, bis sie gegen 17 Uhr an der Hütte eintreffen. Der Großvater ist da, um die Tiere im Stall anzuketten und zu versorgen. Ich versuche, ihm dabei zu helfen: Es ist ein großes Durcheinander, bis alle Tiere ihren Platz gefunden haben. Das wird sich später legen, denn die Tiere gehen dann immer an dieselbe Stelle im Stall.

Als es Zeit ist zu melken, ist auch Bauer Franz wieder da. Ich bin schrecklich aufgeregt. Aber ich kann noch nicht viel helfen, denn die Melkmaschine ist kaputt und die Kühe müssen mit der Hand gemolken werden. Hoffentlich kann die Melkmaschine bald repariert werden. Sie wird mit Wasserdruck betrieben und muss sehr feinfühlig bedient werden. Im Moment ist aber der Schlauch abgerissen, der das Wasser zur Pumpe führt.

Beim Abendessen erklärt Franz, wie der morgige Tag abläuft. Er spricht meistens im Dialekt, mit hochdeutschen Brocken (Franz ist Südtiroler und deshalb Italiener. Der Sonderstatus des Landes Südtirol zeigt sich in der Sprache, der Steuergesetzgebung, im Schulwesen …). Es fällt mir sehr schwer, alles zu verstehen. Aber ich höre heraus, morgen müssen die Jungs und ich zum Hüten, dabei sollen wir uns abwechseln. So habe ich auch die Chance, zwischendurch die ersten Gäste im Tal abzuholen, die bei mir Urlaub machen wollen. Der Speicher ist als Matratzenlager für sie gerichtet.

Zu den Hüttenbewohnern kommen ab morgen auch noch täglich einige Helfer aus der Verwandtschaft dazu, die die Burgers bei der Heuernte unterstützen. Es wird also voll werden. Mal sehen, was der Tag morgen bringt, wir gehen jetzt mal ins Bett.

Donnerstag, 6. Juli

Ich habe gut geschlafen, an die nächtliche Geräuschkulisse muss ich mich noch gewöhnen. Immer wieder scheppert eine Kette oder bimmelt eine Kuhglocke. Auch die Nacht hat die Melkmaschine nicht repariert. Aber heute Morgen darf ich mitmelken, mit der Hand. Um 6 Uhr beginnt der Tag. Handmelken ist sehr anstrengend. Das, was da in den Eimer spritzt, sieht bei mir sehr erbärmlich aus. Ich sage zum Franz: »Die arme Kuh!« Er meint: »Die Kuh denkt sicherlich: die arme Sennerin.«

Nach dem Melken gibt's Frühstück, das Lucie schon gerichtet hat, und dann geht's hinaus. Gemeinsam mit meinen Hirtenjungen treiben wir die Tiere in den Wald. Es soll ganz langsam gehen, denn die Tiere sind noch sehr bockig und unruhig. Ich bin völlig angespannt und habe Sorge, den Überblick zu verlieren, aber die Jungs sehen es lässiger.

Zur Mittagspause legen die Tiere sich zum Wiederkäuen hin. Wir können in dieser Zeit zum Mittagessen zur Hütte gehen. Hier erwartet uns eine besondere Überraschung: Die ganze Terrasse sitzt voller Menschen. Ich bin sehr erschrocken. Soll unsere Hütte doch eine Wandereralm sein, dann haben wir viel mehr Arbeit, als ich mir vorgestellt habe. Aber es klärt sich alles auf. Das Hotel »St. Magdalenahof« (Chef ist der Bruder vom Franz) hat sich kurzfristig entschieden, mit seinen Gästen einen Ausflug zu den Almhütten zu machen. Und dann werden die Gäste hier vom Hotel bewirtet. Dass das irgendwann geplant war, hatte Martina mir gesagt. Nur nicht, dass der Tag schon heute ist.

Michaela, die Frau vom Hotelier Josef, stellt sich mir vor. Sie ist heute Morgen mit dem Auto hochgekommen und hat alle notwendigen Dinge mitgebracht. Dann hat sie die Hüttenküche in Beschlag genommen und das Essen, die Tische und die Getränke für die Gäste vorbereitet. Dabei haben Lucie und sie sich schon kennengelernt.

Wir essen mit: Semmelknödel und Salat. Lucie bleibt wieder an der Hütte, wir müssen wieder zu den Tieren. Die Gäste wussten schon von der deutschen Sennerin, und abends erzählt Lucie von witzigen Gesprächen mit den Leuten.

Um 16 Uhr fängt es an, wie aus Eimern zu schütten und zu gewittern. Aber für den Heimweg ist es noch zu früh. Doch da kommt tatsächlich Bauer Franz mit dem Auto, um uns zu retten.

Im Trockenen sitzend beobachten wir, ob die Tiere sich auf den Heimweg machen, und das tun sie. Die Leitkuh Nora, mit der Glocke, zeigt den anderen den Weg zum Stall. Sie und Else sind die ältesten Tiere der Herde und kommen schon seit acht Jahren jeden Sommer auf die Alm. Nach und nach treffen alle Tiere im Stall ein. Beim Melken habe ich frei (die Melkmaschine arbeitet auch wieder), weil ich ja ins Tal fahren muss. Nach der Stallarbeit fahren die drei Burgers auch ins Tal und schlafen heute unten – wegen Musikprobe und Arztterminen –, morgen früh sind sie wieder da.

Mit den neuen Gästen kommt neues Leben in die Hütte, sie beziehen das Matratzenlager.

Freitag, 7. Juli

Die Neuankömmlinge haben hervorragend in ihrem Matratzenlager geschlafen. Tom ist schon unten im Stall und will helfen. Ich weiß nie so genau, ob das dem Bauern recht ist. Das ist überhaupt für mich das größte Problem, dass ich selber noch total unsicher bin und trotzdem die vielen Fragen der Gäste beantworten soll. Da der Bauer aus dem Tal hochkommt, ist die Melkzeit auf 7 Uhr verschoben. Er kommt aber erst um 7 Uhr, und dann ist die Melkmaschine schon wieder kaputt. Gott sei Dank bekommt er sie wieder in Gang. Also, mit Verspätung geht's ans Werk. Nach dem Frühstück ziehen wir wieder mit den Tieren los auf die Weide. Rainer möchte ins Tal, weil er ein paar Tage Motorrad fahren möchte. Wie kommt er runter? Am besten zu Fuß, denke ich. Also gut, ich leihe Gabi mein Auto. Lucie fährt mit, damit Gabi den Rückweg findet. Nachher höre ich, dass sie tauschen mussten und Lucie die Geländefahrt zurück gemacht hat; Gabi hat sich nicht getraut.

Super, ich bin richtig stolz auf meine Mutter.

Hannes, Lena und Tom gehen mit zum Hüten. Das ist auch für Elias schön, denn so hat er Spielkameraden. Andreas ist heute im Tal wegen des Arztbesuches. Franz kommt vorbei und ruft Elias zum Zaunsetzen ab, und wir vier haben die ganze Verantwortung. Aber es klappt wunderbar. Als der Zaun steht, kommt Elias zurück, und Bauer Franz nimmt mich in der Treckerschaufel mit, damit ich die Gegend und das Gelände kennenlerne. Es gibt viel zu erklären, zu erzählen und manches zu behalten. Aber Franz hat viel Geduld mit mir. Auf dem Rückweg steigen auch noch die Hirtenkinder zu – die Kühe halten Mittagspause –, und gemeinsam fahren wir in der Schaufel zum Mittagessen. Für die Hirten und mich ist es ein gutes Zeichen, wenn mehr als die Hälfte der Herde zur Mittagszeit liegt und wiederkäut. Dann bleiben sie zwei Stunden liegen und laufen nicht weg. Wir können in der Zeit zur Hütte gehen und Mittag essen. Jetzt ist erst Mittag und es ist schon wieder so viel passiert. Nach dem Essen gehen Elias und Hannes zu den Kühen. Ich brauche nicht mit. Normalerweise bleibt eine Sennerin immer bei der Hütte – sie begleitet die Hirten nicht. Meine Arbeit als Sennerin ist aber etwas anders, weil ich auch auf die Hirten aufpassen soll.

Martina kommt und trinkt mit uns Kaffee. Sie zeigt uns, wie man auf eine schnelle Art Topfen macht. Dafür erwärmt sie die Milch im Kessel, bis sie simmert. Dann schüttet sie eine Essig-Wasser-Lösung vorsichtig am Rand vorbei. Mit dem Aufwallen gerinnt die Milch, und es bilden sich Topfen und Lab. Sehr einfach und lecker. Es wird viel gelacht und erzählt.

Zur Melkzeit sind die Tiere nicht da!

Es regnet »junge Hunde«. Nur India, unsere oft ausbüxende Kuh, kommt mutterseelenallein auf den Stall zu.

Wo bleibt der Rest?

Franz meint, in Zukunft müsse ich nachmittags wieder mitgehen!

Was ist passiert?

Es stellt sich heraus, dass Elias Schwierigkeiten mit der Herde hatte. Außer unseren Kühen trieb Elias verabredungsgemäß die Kühe der Nachbaralm Gatterer mit auf die Weide. Elias hat die Aufgabe des Hirten beim Gatterer übernommen, nachdem der geplante Hirte nicht kommen konnte. Wir haben jetzt also dreißig Tiere zu hüten.

Auf dem Heimweg bekommt Elias die Herden nicht getrennt, er ruft den Gatterer zur Hilfe. Der bietet erstmal Limo und ein Dach über dem Kopf an. In dieser Zeit ist unsere India sofort verschwunden. Der Rest der Tiere hat sich irgendwann dann auch auf den Weg gemacht. Aber es dauert eben so seine Zeit, bis alle am Stall sind. Also müssen wir die Melkzeit verschieben. Es ist später Feierabend, immer wieder gibt es was Neues.

Samstag, 8. Juli

6 Uhr, die Kühe rufen. Ich soll heute mal selber melken, Schritt für Schritt. Schon wieder nervös. Mit einigen Hilfgriffen schaffe ich es sogar: wieder ein Schritt weiter im wirklichen Leben einer Sennerin.

Nach dem Frühstück geht's mit den Kühen raus. Vom Gatterer kommen die Tiere auch wieder dazu, und es ist wieder so unruhig in der Herde. Gemeinsam mit meinen Gästen (Rainer ist nicht dabei) geht es den Berg hinauf. Wahrscheinlich treiben die Kinder die Kühe zu schnell, die Unruhe durch die fremden Tiere kommt noch dazu. Nichts klappt, wie es soll. Die Herde ist nur schwer zusammenzuhalten, und die Kinder lassen sich so schnell ablenken. Beim Hüten ist den Buben der Staudamm am Bach wichtiger als die Tiere. Die Sennerin und ihre Freundin sind sehr nervös und aufgeregt. Ob alles so richtig ist? Zur Mittagszeit legen sich die Tiere nicht. Ich vermute, sie hatten unterwegs zu wenig Zeit zu fressen, und so kann die Herde nicht alleine gelassen werden: also fliegender Hirtenwechsel – zwei zur Hütte zum Essen – dann wieder zur Herde, die beiden anderen zur Hütte zum Essen, auch wieder zurück.

Das Chaos geht weiter. Beim Heimtrieb fehlen sechs Tiere. Gabi »saust« noch mal den Berg hinauf und bringt sie mit. Die Hirten sagen, sie hätten da keine Tiere mehr gesehen. Beim Abtreiben sehen wir eine Kuh vom Gatterer am Waldrand liegen. Sie sonderte sich von der Herde ab, weil sie bald kalben soll. Ob es heute losgeht? Sorgen machen oder nicht? Das ist hier die Frage. Der Gatterer kommt selber runter, also kümmert er sich auch.

Als dann die Tiere getrennt werden sollen, ist das wieder nicht so einfach, und das obwohl der Bauer es auch noch sehr eilig hat. Im Tal ist Feuerwehrfest, und da muss er hin. Zu allem

Überfluss regnet es wieder in Strömen. Eine Kuh zu viel steht vor dem Stall, Elias treibt sie zum Gatterer hoch. Soviel Milch wie sonst ist es heute auch nicht.

18 Uhr: Bauer und Hirten sind weg, ins Tal, Stall fertig, Milchküche aufgeräumt, Abendbrottisch gedeckt – wir sind unter uns. Morgen früh will der Bauer gegen 7 Uhr kommen, ich darf aber schon vorher anfangen.

Sonntag, 9. Juli

6.15 Uhr, ich gehe schon mal in den Stall. Erst entmiste ich den Stall – Bauer noch nicht da. Also gut, dann setze ich mal das Melkeimerpuzzle in der Milchküche zusammen (für mich sind die Schläuche, die auf den Deckel kommen, die Anschlüsse, die in der richtigen Reihenfolge angebracht werden müssen, ein kompliziertes Puzzle, das ich aber langsam verstehe) – Bauer noch nicht da.

Nur Mut – ab mit den Melkeimern in den Stall. Erst die Melkmaschine an und dann Schritt für Schritt: Euter reinigen – anmelken – Melkmaschine ansetzen. Ich bin mit dem Melken gerade fertig, da kommt der Bauer. Er wundert sich genauso wie ich, dass alles geklappt hat. Nach dem Frühstück geht es wieder auf die Weide. Diesmal ganz langsam und mit viel Ruhe Richtung Pervasan. Der liegt auf circa 1.970 m Höhe und ist immer die Weide, die zuerst angetrieben wird.

Der Bauer ist nach dem Frühstück sofort Richtung Tal. Andreas, der Hirte, will nicht mit zum Hüten gehen und legt sich ins Bett. Er taucht auch nicht mehr auf. Na, an meiner Autorität muss ich aber noch arbeiten.

Mittags legen sich die Tiere tatsächlich zur Ruhe, und wir

können zur Hütte essen gehen. Nach der Mittagspause ruft die Pflicht wieder. Zum Abtrieb hilft Elias beim Trennen der Herden, tüchtig, tüchtig. Am Stall angekommen, gebe ich mich alleine ans Melken, der Bauer ist noch nicht da. Nass geschwitzt und hungrig komme ich zum Abendessen hoch. Oben in der Küche ist die Stimmung auf dem Nullpunkt. Ich erfahre, dass Andreas und Hannes den Elias so sehr geärgert haben, dass der sich auf den Weg ins Tal gemacht hat. So ein guter Tag – und jetzt so ein Ärger!

Ich lade mir die beiden »Ärgerbrüder« ins Auto; Rainer, der heute wieder da ist – zu Fuß aus dem Tal hoch – fährt auch noch mit (er muss im Tal seinen Rucksack holen), und wir machen uns auf die Suche nach Elias. Er ist schnellen Schrittes auf dem Weg ins Tal: Wir sammeln ihn an der zweiten Furt ein. Ich rede ihm gut zu, und er steigt ins Auto zu seinen beiden Kontrahenten. Die entschuldigen sich bei ihm und geloben Besserung. Ich bin froh, dass sie sich wieder vertragen. Was hätte wohl Martina gesagt, wenn plötzlich Elias vor ihrer Tür gestanden hätte?

Ich dachte, der Bauer wäre uns begegnet, aber der lässt noch auf sich warten.

Als wir wieder oben beim Abendessen sind, kommt er – nicht mehr ganz frisch vom Feiern – an.

Er fragt mich, ob gemolken sei und die Tiere versorgt seien. Als ich »Nein, noch nicht« sage, schaut er sehr erschrocken aus der Wäsche. Meinen rheinischen Humor hat er noch nicht verstanden. Na ja, ich stelle alles richtig, wir lachen mal drüber, und ich glaube er ist heilfroh, dass er nicht mehr in den Stall muss.

Mit einer lustigen Kniffelrunde beenden Lucie, Rainer, Hannes, Lena, Tom, Elias und ich den Abend. Gabi liest, Franz und Andreas haben sich verkrümelt.

Montag, 10. Juli

Heute Morgen geht es wie gewohnt. Wir melken gemeinsam – dann wieder zum Pervasan und zur Sologge (so heißt das andere Weidegebiet). Tom bleibt heute bei uns, und die anderen fahren mit Lucie nach Bruneck. Es fehlen Bücher für Lena, Wanderschuhe für Gabi, Medizin für Rainer und die Zugfahrkarten für die Heimfahrt von Lucie. Beim Kühehüten gibt es wieder etwas Neues: Fabian (14 Jahre), der Hirte vom Unterhabererhof, ist mit seinen Tieren jetzt auch dabei. Im Laufe des Vormittags sitzen wir vier beim Hüten zusammen (Elias, Tom, Fabian und ich). Irgendwann zieht der Staudamm die Hirten wieder an. Der wird sicher schon seit Generationen auf-, ab- und umgebaut.

Mein Blick geht weit zur gegenüberliegenden Bergkette, zu den Antholzer Bergen, ins Gsieser Tal und zu den Wolken unter uns. Ich mache mir oft Gedanken über das Alter der Hirten. Sie sind noch Kinder, wenn sie mit dem Hüten anfangen. Andreas ist schon seit vier Jahren Hirte, hat also mit acht Jahren angefangen. Sie sind oft den ganzen Tag alleine mit sich und den Tieren. Sie tragen die Verantwortung dafür, dass die Herde zusammen bleibt und die Tiere nicht in die angrenzenden Mähwiesen laufen. Mit vierzehn Jahren ist dann Schluss. Fabian ist im letzten Jahr Hirte. Wenn sie älter werden, stehen Schulwechsel, Praktika und Ausbildungen an. Da ist dann keine Zeit mehr, in den Ferien als Hirten zu arbeiten. Es sind die gesamten Sommerferien, die die Hirten hier oben verbringen, keine Ausflüge, kein Urlaub, keine Reisen.

Zur Mittagszeit legen sich die Kühe, nicht selbstverständlich, hin.

Also kommen wir erst gegen 13 Uhr zur Hütte. Ich mache Essen warm, Reis mit Gemüse (Reste von gestern). Während wir essen, kommt Martina. Sie wundert sich, dass wir erst jetzt essen. »Die Essenszeit sollte schon so gegen 12 Uhr sein«, sagt sie, damit der Tagesablauf eingehalten werden kann – na wie denn, wenn die Kühe sich nicht legen?

Auf dem Herd steht eine Milchkanne voll Milch. Sie ist von gestern und kann nicht mehr abgegeben werden. Also wollte der Franz mir damit zeigen, wie man Käse macht. Martina hat dafür einen großen Kessel mitgebracht, und sie setzt damit die Milch auf den Herd. Labpulver hat sie auch mitgebracht. Die Milch wird zügig warm. Ich hätte lieber damit gewartet, bis Franz mit nach der Herstellung guckt, weil er Erfahrung im Käsemachen hat, aber Martina ist in der Beziehung schnell bei der Sache. Leider ist die Milch zu warm geworden. Ich habe zwar noch das Lab eingerührt, aber das Dicklegen klappt nicht. Als dann auch noch Franz reinkommt und sagt: »So geht das nicht!«, und Rainer an den Kessel fühlt und sagt: »Mindestens +50° C statt +30° C!«, da reicht es mir. Ich mache mich fertig und gehe wieder hüten. Gabi kommt mit, und ich kann nach Herzenslust schimpfen über Männer, Frauen und das Leben als Sennerin und im Allgemeinen.

Abends, nach getaner Arbeit, merke ich, dass der Tag mir sehr zugesetzt hat. Ich brauche schon viel Energie, um die Arbeit zu schaffen.

Ich überlege, ob ich die nächsten Gäste, die morgen kommen wollen, anrufe und ihnen absage. Ich habe Sorge, dass es mir hier zu voll wird. Gabi und Lucie geben mir gute Worte und sagen, das klappe schon – Anne und ihre Familie würden ja nur vier Tage bleiben wollen. Außerdem ist Anne meine Freundin, und ich freue mich auch darauf, ihr das Leben hier zu zeigen.

Also lasse ich es, wie es ist, und warte den nächsten Tag ab.

Das erste Kalb

Dienstag, 11. Juli

Die Arbeit im Stall geht mir mittlerweile gut von der Hand, und nach dem Frühstück geht es auf zum Tierehüten. Tom ist wieder treu mit dabei. Gabi will nachkommen – vorher will sie mit Lucie die beiden Kammern aufräumen, in denen die neuen Gäste schlafen werden.

Als wir mittags zur Hütte kommen, ist der Bär los.

Familie Burger ist mit fünf bis sechs Personen zur Heuarbeit eingetroffen. Also hat Martina gekocht, für die Heuarbeiter, die Sennerin und die Mutter der Sennerin. Meine Gäste essen dann später, wenn der Herd wieder frei ist zum Kochen. So war es abgemacht. Martina stellt für die Hirten und mich die nötigen Lebensmittel zur Verfügung, so ist es Brauch im Almleben. Der Bauer sorgt für Brennholz und Verpflegung und muss Hirten anheuern: entweder seine eigenen Söhne oder fremde Jungs (meistens sind es Jungs), um die Tiere auf der Weide zu hüten. Denn das gehört nicht unbedingt zu den Aufgaben der Sennerin. Sie ist für Tiere, Stall, Milchverarbeitung und das Leben auf der Almhütte zuständig. Da Martina und Franz immer ein ungutes Gefühl haben, wenn ihre Jungs alleine unterwegs sind, haben sie sich eine Sennerin ausgesucht, die auch mit zum Hüten geht.

Meine Gäste müssen sich selbst verpflegen. Die Übernachtungskosten, die sie mir bezahlen, darf ich behalten. Das ist mein Einkommen während der Almzeit.

Nachdem alle gegessen haben, bleiben so viele Reste, dass

Gabi gar nichts mehr kochen muss. Sie und ihre Familie werden auch noch satt. Nachmittags kommen Gabi und Lucie mich beim Hüten besuchen, und wir haben wieder Zeit zum Erzählen. Abtrieb und Stallarbeit werden schon langsam zur Gewohnheit. Um 19.30 Uhr telefoniere ich mit Anne. Ich höre, dass sie kurz vor St. Magdalena sind, und mache mich auf den Weg ins Tal. Die Milch nehme ich in einem mit und gebe sie bei Martina auf dem Hof ab.

Ach ist das schön, Anne wiederzusehen! Andreas, ihr Mann, Zoe (elf Jahre) und Silas (neun Jahre) gucken auch schon ganz erwartungsvoll. Aber das Gepäck müssen wir drastisch reduzieren, sonst bekommen wir nicht alles hoch. Ich warne vor der Auffahrt, und dann geht's los. Andreas hat Höhenangst, und die Fahrt ist eine echte Herausforderung für ihn. Hinten im Auto höre ich Silas fragen: »Warum sagen immer alle Sängerin zu Ruth? Die singt doch gar nicht!« Wir lachen herzhaft: Das Wort Sennerin war ihm einfach fremd.

Oben angekommen, gibt es Abendessen und Betten richten. Mit Andreas und Anne kommt wieder neue Stimmung in die Bude. Die Kinder müssen sich erst einmal beschnuppern. Wir sind jetzt 14 Personen im Haus.

Mittwoch, 12. Juli

6 Uhr, meine morgendliche Arbeit beginnt, alle anderen schlafen noch. Zum Frühstück tauchen, Gott sei Dank, auch noch nicht alle 14 Menschen gleichzeitig auf. Sonst würde es sehr eng in der Küche.

Ich wandere mit Hirten und Tieren davon. Heute geht es auf die nächst höhere Wiese, »Steinriedel« genannt, circa 2.104 m hoch gelegen.

Im Laufe des Vormittags kommen uns meine Gäste und Lucie besuchen. Es war wohl gar nicht so einfach, unsere neue Bleibe zu finden. Zur Mittagszeit gehen die Hirten und ich hinunter zum Essen. Meine Gäste warten auf der Wiese ab, bis die Heutruppe fertig ist mit dem Essen.

Nachmittags sind wir wieder viele beim Hüten, denn alle Familien gehen mit. Für Zoe und Silas ist es sehr aufregend. Anne stellt Fabian, Andreas und Elias viele Fragen zum Hirtenleben, Alter, Schulform und so weiter. Ich muss lachen, die gleichen Fragen habe ich auch schon gestellt. Für uns ist dieses Leben der Kinder und Jugendlichen einfach fremd.

Heute habe ich mein Strickzeug dabei. Endlich habe ich die innere Ruhe gefunden, um beim Hüten zu stricken.

Die Kombination der Familien klappt hervorragend. Es gibt viel zu lachen. Auch abends, als wir beisammensitzen, gibt es viel zu erzählen. Als ich schon im Bett liege, höre ich die anderen noch lange in der Küche murmeln. Schön, dass die Neuen da sind. Anne und Lucie haben sich auch viel zu erzählen und genießen es, soviel Zeit dafür zu haben.

Donnerstag, 13. Juli

Den Tagesablauf kann ich immer sicherer überblicken. Anne will mit ihrer Familie heute ins Tal runter und zum Antholzer See fahren. Sie werden auch fürs Grillen einkaufen, denn alle wünschen sich, dass wir mal grillen. Lucie und die anderen Gäste helfen im Heu. Mittags ist die Hütte dann wieder voll mit der Heutruppe. Martina kocht hervorragend, und für alle ist es schön, sich an den gedeckten Tisch zu setzen. Es dürfen heute auch alle mitessen, denn alle haben mitgeholfen.

Nach dem Essen ruft die Arbeit wieder. Ich gehe nicht mit

zum Hüten, alle werden im Heu gebraucht. Wenn ich Lucie mit der Heugabel so sehe, dann erkenne ich deutlich, dass sie das früher regelmäßig gemacht hat. Sie kann es aus dem Effeff, und es macht ihr sichtlich Spaß. Nur in der steilen Hanglage fällt es ihr schwer: das ist ihr zu anstrengend. Wir schwitzen alle. Als Tom sieht, dass sein verehrter Bauer Franz schwitzt, macht er sich an den Abstieg zur Hütte und kommt einige Minuten später mit Getränken für alle den Berg wieder hinauf. Ganz schön schwierig, mit Gläsern und gefülltem Krug durch die Steillage zu laufen.

Freitag, 14. Juli

Für ausführliche Eintragungen habe ich im Moment keine Zeit. Es ist so viel Leben in der Hütte. Anne und ihre Familie bleiben heute wieder auf der Alm, und sie gehen mit zum Hüten. Es ist toll, mit Anne zu quatschen. Anne erzählt mir, sie habe auch Martina auf dem Hüttenbalkon getroffen. Die Bäuerin habe sich sehr genau bei Anne erkundigt, ob ich mich auf der Alm wohlfühle, ob ich bleiben, vielleicht sogar wiederkommen würde. Anne konnte ihr dann sagen, dass es sicher sehr viel Arbeit, viel Neues, Anstrengendes und Aufregendes sei, und die Zeit bisher sehr nervenaufreibend für mich sei. Aber ich sei stark, und wenn ich mir so was vornähme, dann hielte ich auch lange durch.

Am Abend wollen wir grillen, aber es regnet und stürmt. Also verlegen wir das Grillen in die Küche. Es ist für alle gemütlich, auch wenn Bauer Franz immer in die Runde guckt, als wenn er sagen wollte: »Was ist hier los? So voll war es hier noch nie!«

Samstag, 15. Juli

Heute gehen die Hirten alleine los. Ich bringe meine Gäste ins Tal, denn ihre Zeit hier ist zu Ende. Jetzt kommt Andreas' Höhenangst durch. Auf der Hütte ging es ganz gut, aber als wir nun ins Tal fahren, wird es ihm sehr brenzlig. Uns kommen zwei Traktoren entgegen, eigentlich klar, denn es ist vormittags und alle fahren rauf ins Heu.

Ich muss ganz nahe an den Abgrund fahren, damit ich den Weg freimache. Als die Trecker vorbei sind, atmet Andreas hörbar auf. Dann sagt er: »Wenn wir im Tal sind, wringe ich meine Unterhosen aus, werfe mich vors Auto und heule.« Nee, was haben wir da gelacht. Aber er war wirklich tapfer.

Abends finde ich auf meinem Bett ein Buff-Tuch; das hat Anne mir für die Stallarbeit geschenkt.

Sonntag, 16. Juli

Vom Sonntag merken wir nicht viel, weil Heuarbeit angesagt ist. Martina bringt einen selbst gebackenen Kuchen mit, denn wenn wir schon arbeiten müssen, soll es wenigstens etwas Besonderes geben.

Und dann ruht alle Arbeit doch, denn der Traktorkühler ist kaputt. Rainer fährt mit Martina und Kühler ins Tal.

Gerold, ein langjähriger Gast und Freund der Familie Burger im Tal unten, weiß, wo das Werkzeug zu finden ist. Als wir nachmittags mit den Tieren kommen, ist Franz wegen des Traktors ganz verzweifelt. Hoffentlich kann Rainer was retten.

Abends fahre ich ins Tal, um meinen neuen Gast zu holen: Sabine reist an. Ich nehme die Milch mit runter und bringe mit hoch: Sabine und ihr Gepäck, Rainer, den reparierten Kühler und Öl, eine neue Matratze für ein Bett und eine neue Milchkanne! Ein Glück, dass ich einen robusten Kombi habe. »Tu keine Fahrt umsonst«, ist hier das Motto. Sabine bezieht die Vorratskammer, Franz ist glücklich über den reparierten Kühler, und das Almleben geht weiter.

Montag, 17. Juli

Heute hat Sabine Geburtstag.

Als ich in den Stall komme, morgens zum Melken, hat die Kuh Eva eine vergrößerte Scheide.

»Behaltet sie beim Hüten im Auge«, sagt Bauer Franz.

Nach dem Frühstück ziehen wir los, wie immer. Ich sitze auf der Hütewiese auf einem Stein und schreibe einen Brief. Meine Hirten meinen, die Tiere wären sehr hoch gestiegen – Eva ist auch dabei. Also treibe ich die Viecher den Hang runter und frage noch mal deutlich bei meinen Hirten, ob speziell Eva unten angekommen ist. »Ja, passt schon!«, ist die Antwort. Zehn Minuten später ist Eva weg – Brief ab in den Rucksack und eine halbe Stunde Eva suchen. Wir finden sie dann auf »feindlichem« Gebiet mit noch zwei Tieren. Also nichts mit Kalben, sondern nur gutes Futter suchen auf der Nachbaralm.

Dann ist Mittagspause, und wir gehen zur Hütte. Hier ist die Heutruppe wieder versammelt. Nur Gabi, Hannes und Tom sind nicht da, sie wandern auf dem Almweg 2.000. Nach der Mittagspause ist die Diskussion groß: Welcher Hirte geht wieder mit, wer bleibt im Heu? Wenn es im Wechsel ginge, wäre Andreas dran, an der Hütte im Heu zu bleiben, aber Elias steht auch nicht der Sinn nach Hüten. Es gibt Tränen, Franz spricht mit Elias. Ich sage leise, ich könne auch alleine zu den Tieren gehen, ich käme schon klar, zumal Sabine mitgehen möchte.

Also bleibt Elias auch an der Hütte, und Sabine und ich ziehen los.

Alle Kühe sind versammelt, Eva da, India da, 34 Tiere sind anwesend, alles klar.

Sabine erzählt von ihrem Leben, zum Erzählen ist beim Hüten immer viel Zeit. Gegen 16.30 Uhr »fahren« die Unterhaberer-Tiere mit Fabian zurück. Wir bekommen Besuch von Lucie, Gabi, Tom und Hannes. Mit allen zusammen klappt auch unser Abtrieb reibungslos.

Elias steht wie versprochen am letzten Zaundurchgang und hilft, die Tiere zu trennen.

Melken tue ich alleine. Franz und die Jungs fahren heute ins Tal. Wir sind mal wieder »unter uns«. Spät essen wir zu Abend.

Plötzlich sagt Gabi: »Da brüllt eine Kuh, so wie ich gebrüllt habe, als ich den Tom bekommen habe.« Tom springt auf und rennt in den Stall. Dann ruft er: »Das Kalb kommt!« Wir springen alle auf. Gabi und Sabine rennen vor mir die Treppe herunter. Da liegt tatsächlich das Kalb. Eva steht und zerrt an ihrer Kette. Gabi entfernt die Reste der Fruchtblase und reibt das Tier mit Stroh ab. Die Kinder sitzen auf der Treppe und schauen zu. Sabine macht wie wild Fotos, und ich stehe oben an der Treppe und komme nicht durch. Nach einer sehr deutlichen Aufforderung gehen auch Gabi und Sabine auf die Treppe. Ich komme an die Tiere ran und löse Eva von der Kette. Mal sehen, was sie jetzt macht. Ob das alles so richtig ist, ich weiß es nicht. Hoffentlich trampelt sie nicht auf das Kalb. Nein, sie leckt es trocken. Da sie im Stehen gekalbt hat, liegt das Kalb in der Mistrinne. Aber Eva leckt und leckt. Jetzt ist etwas Zeit, und ich gehe hoch und will mit dem Bauern telefonieren. Aber Rainer hat die Nummer schon gewählt und hat scheinbar Martina am Draht. Auf die Info, dass das Kalb da sei, sagt sie: »Wenn alles gut ist, dann passt's schon.«

Ich habe nicht mit ihr gesprochen, Rainer hat wieder aufgelegt. Wer ist hier eigentlich die Sennerin und trägt die Verantwortung? Entscheiden tun jedenfalls alle anderen für mich. Ich bin sauer und genervt. Ich gehe wieder in den Stall und mache ein paar Fotos, das stört die junge Familie nicht. Eva leckt und leckt. Lucie ruft mich ans Telefon, Franz ist dran. Er fragt ganz ungläubig, ob es stimme, dass das Kalb da sei. Ich rufe ins Telefon: »Ja klar, meinst du, ich will dich verarschen?« Dann frage ich ihn, was ich jetzt noch tun müsse und wie das in der Nacht weiterginge. Das Kalb ist übrigens um 20.30 Uhr geboren. Franz sagt mir, ich solle die Strohecke freiräumen und das Kalb da hinlegen. Eva solle wieder an ihren Platz. Mit einem Holzgatter könne ich die Ecke abtrennen. Von Raufkommen, Helfen, Unterstützung ist keine Rede. Ich frage, was mit der Nachgeburt sei. Die müsse in ca. vier Stunden kommen – wenn nicht, wäre das auch kein Drama, denn der Tierarzt komme eh nicht in der Nacht rauf. Tja, dann also ohne bäuerliche Unterstützung.

Ich bleibe bis 22.30 Uhr im Stall und passe auf, dass das Kalb in die richtige Ecke wackelt. Aufstehen fällt ihm sichtlich schwer. Nach einiger Zeit habe ich Eva und ihr Kalb in die richtige Ecke bugsiert. Wir trennen die Ecke ab und gehen ins Bett. Sabine geht später noch einmal im Stall gucken. Sie kommt Bescheid sagen, dass beide wohlauf seien und die Kuh gerade die Nachgeburt fresse. Tja, denke ich, dann ist ja alles gut gegangen.

Dienstag, 18. Juli

Ich habe gut geschlafen und aus dem Stall nichts gehört. Als ich zum Melken runtergehe, schlafen alle Tiere noch, auch die junge Familie liegt still in ihrer Ecke. Melken, Stall säubern, spülen – das übliche Programm. Gegen 7 Uhr kommen der Bauer und die Jungs. »Na«, sagt Franz, »da hast du ja deine Feuerprobe bestanden.« Ich erzähle kurz, wie alles war. Dass die Eva so schnell kalbt, damit hatte der Franz auch nicht gerechnet. Und dann erzählt er mir, wie es richtig gewesen wäre. Ich hätte die Eva nicht losmachen dürfen, sondern das Kalb sofort wegziehen müssen. Dann selber mit Stroh trocken reiben und dann über Nacht in einer anderen Ecke liegen lassen sollen. Denn, wenn sie jetzt getrennt werden, nach einer gemeinsamen Nacht, und ins Tal kommen, ruft Eva unten im Stall immer nach dem Kalb, und das stört dann die Gäste.

Wobei schon klar ist, so, wie ich es gemacht habe, ist es die natürliche Art. Ich habe schon instinktiv richtig gehandelt, nur nicht passend für seine Tierhaltung.

Er fragt, wann die Nachgeburt gekommen sei, und wo ich sie hingetragen hätte. Als ich ihm sage, die Kuh hätte sie gefressen, ist er entsetzt; das hätte er noch nie erlebt. Aber scheinbar habe Eva sie ja gut vertragen.

Außerdem hätte ich mitten in der Nacht sowieso nicht mitbekommen, dass Eva die Nachgeburt selber entsorgt hat. Franz sagt noch einmal, es wäre alles gut gelaufen und ich hätte eine wichtige Sennerinnenaufgabe sehr gut gemeistert. Der Meinung bin ich auch.

Nach dem Frühstück ist Lucies Abreise. Franz verabschiedet sich von ihr und bedankt sich, dass sie mich hier lässt. Er spürt schon: Das Almleben ist anstrengend für mich, aber meine Anwesenheit nützlich für ihn.

Schade, dass Lucies Zeit erst einmal um ist. Sie war der gute Geist und eine sorgende Seele in »meiner Almhütte«. Gabi, Lena und Hannes fahren mit ins Tal, sie wollen in Welsberg bummeln gehen.

Ich fahre Lucie nach Bruneck zum Bahnhof. Als der Zug einfährt, drücken wir uns noch einmal, und dann steigt sie ein. Wir winken, bis der letzte Wagen um die Ecke ist. Dann muss ich ein paar Tränen verdrücken. Wie wird es wohl ohne Lucie? Ich fahre alleine zurück nach Welsberg. Aber bevor ich um 11 Uhr meine Gäste wieder einsammele, trinke ich im Dorfcafé einen Eiskaffee: Wer weiß, wann ich dazu noch mal komme.

Und dann geht es wieder hinauf in die Berge, auf die Alm. Martina ist beim Vorbereiten des Essens und spannt uns gleich mit ein. Dann Kalb angucken, spülen, Fragen beantworten und wieder ab zum Hüten.

So viele Menschen sind hier, aber keiner hat richtig Zeit, mir mal zuzuhören, keinem kann ich alles erzählen. Also schreibe ich beim Hüten alles auf.

Hier gibt es mal ausnahmsweise nichts Spektakuläres. Na ja, bis auf den Abtrieb. Die Tiere gehen nicht alleine zum Stall, wie sie es sonst immer tun, sondern verteilen sich im Wald. Wir müssen sie suchen gehen – mal wieder was Neues. Während Franz und die Jungen suchen, nutze ich die Zeit und binde Eva und ihr Kalb wieder in der Ecke an.

Während des Tages hatten sie den Stall für sich. Da die Absperrung nicht stabil genug ist, bindet Franz auch das Kalb mit einer Schnur an. Ich bin gespannt, wie gut das Kalb mit der Schnur zurechtkommt.

Abends ist endlich mal Zeit für mich, in Ruhe auf dem Balkon zu sitzen. Auf zwei Seiten läuft er um das Haus und bietet einen weiten Blick über das Tal zu den gegenüberliegenden Antholzer Bergen. Wenn ich ganz nach rechts schaue, kann ich sogar die Dolomiten sehen. Ein toller Standort für eine Alm.

Gabi bringt ihre Kinder ins Bett, und Sabine ist noch nicht da, sie wollte auf die Hochkreuzspitze wandern. So gegen 21 Uhr sehe ich sie den Berg heraufkommen.

Beim Melken fragte der Franz noch, wann sie komme. Ich sagte: »Keine Ahnung.« Er meinte: »Zur Melkzeit ist es schon spät, wenn sie dann noch nicht da ist.« Aus Franz' Bemerkung höre ich Tradition und Erfahrung sagen: Zur Melkzeit sollten alle da sein, oder man muss von Gefahr und Unglück ausgehen. Ich habe ihm geantwortet: »Weißt du, sie ist erwachsen. Ich habe Kühe, Kälber, Hütte, Kinder und mich selber, um die ich mich kümmern muss. Ich finde, das reicht.«

Als Sabine abends mit mir auf dem Balkon sitzt, hat sie viel zu erzählen.

Sie hat die Hochkreuzspitze bestiegen (das Tolle ist ja, die ersten 2.000 m hat sie gespart, weil sie auf der Alm wohnt). Beim Besuch der Uwaldalm hat sie lauter nette Menschen aus dem Tal kennengelernt. Es gab viel Gesprächsstoff. Sie lernte die dortige Sennerin kennen und ihre Lebensgeschichte. Sabine hat auch von mir, den Burger-Jungs und dem Kälbchen erzählt. Kurz vor Feierabend kam dann auch noch Stefan (der Snowboardlehrer, den ich von Skikursen kenne), dem hat sie dann auch von mir erzählt.

Alles in allem hatte sie einen tollen Tag. Zum Abschluss möchte sie den Kindern noch eine Gute-Nacht-Geschichte vorlesen. Ich sage ihr nichts über den Inhalt des Gesprächs mit Franz beim Melken, denn sie war ja auf der Uwaldalm, und der Weg von dort zurück ist nicht so gefährlich gewesen.

Dann gehe ich auch ins Bett. Mein Tag ist für heute vorbei.

Neue Aufregungen

Mittwoch, 19. Juli

Franz hat unten geschlafen, die Stallarbeit mache ich alleine. Danach geht es ab auf die Wiese. Hier habe ich endlich wieder Zeit und schreibe Bernd einen Brief. Ich bin schon traurig, dass ich noch nichts von ihm oder den Jungs gehört habe. Entweder dauert die Post so lange, oder sie haben mich vergessen.

Gabi kommt mit den Kindern ein letztes Mal zum Hüten hoch. Sabine kommt auch vorbei. Sie will heute zum Kalksteinjöchl und dann den Bergkamm entlang wandern.

Am Kopf will sie absteigen und um 20 Uhr im Tal sein, damit ich sie wieder mit hinauf nehmen kann, wenn ich Gabi und ihre Familie herunterbringe.

Nach dem Essen geht Gabi ins Heu, und ich gehe alleine zu den Kühen.

Ich bin leicht säuerlich, weil Andreas den Absprung vom Gameboy nicht schafft und keine Anstalten macht, mit mir zum Hüten zu gehen. Also gehe ich ohne ihn und verbringe den Nachmittag mit Stricken und Schreiben auf der Weide.

Gegen Abend sind alle Tiere auf der Seite, auf der ich gerade sitze.

Fabian und ich trennen ganz ruhig und ohne Geschrei die Herden.

Das macht auch mal Spaß, statt immer diese Hektik, wenn meine Hirten dabei sind, diese zehn- und zwölfjährigen Buben, denen es nicht schnell genug geht.

Auf dem Heimweg erfahren wir, dass die Ziege vom Gatterer tot ist. Seit einer Woche warten wir alle auf Drillinge bei ihr. Heute war der Tierarzt bei ihr, konnte ihr aber nicht helfen. Die Jungtiere sind auch tot. Wahrscheinlich sind sie schon im Bauch gestorben und haben das Muttertier vergiftet.

Gabi macht ein letztes Mal Abendbrot in der Hütte. Mein Auto ist bis obenhin mit Gepäck beladen. Gabi will mit den Kindern zu Fuß ins Tal gehen. Aber Tom hat bei Bauer Franz einen Stein im Brett. Er fragt ihn, ob sie nicht mit dem Mähtrecker mit runterfahren können. Und Franz tut das auch gerne.

Diese Gäste haben ihm sehr viel geholfen. Außerdem war Tom immer schon um 6 Uhr mit im Stall und hat fleißig im Heu mitgearbeitet.

Lena hat mit Enzi geschmust, Hannes war ganz wissbegierig, Gabi hat die Hütte gepflegt, im Heu geholfen und für Essen gesorgt, und Rainer hat den Traktor repariert. Das waren tolle Gäste, auch für mich.

Im Tal stehen Sabine und Rainer, der war mit dem Motorrad unterwegs, und erwarten uns schon. Sabine hat Hunger bis unter die Arme und ist kaputt. Also, alle noch mal drücken und Abschied nehmen. Dann geht es für uns wieder den Berg hinauf.

Oben angekommen, geht Sabine erst einmal duschen. Heute haben wir noch einen Gast, der kleine Fabian (sechs Jahre) schläft bei uns. Er ist der Sohn vom Hotelchef Josef und liebt das Almleben. Nach der Heuarbeit hat er Martina gefragt, ob er heute mal hierbleiben kann. Na super, denke ich, keiner, der sich kümmert, also bleibt es an mir hängen. Aber so ist es nicht. Andreas fühlt sich für Fabian verantwortlich und richtet ein Bett für ihn.

Als ich Sabine mit einem Resteessen (Nudeln, Gemüsesoße, Würstchen) versorgt habe, kann ich endlich selber duschen gehen. So ist es halt, das Leben einer Sennerin.

Donnerstag, 20. Juli

Beim Melken merke ich, Franz ist ja doch da. Ich hatte doch alles abgeschlossen, wie ist der denn reingekommen? Na, durchs Fenster, denn ich hätte ihn ja ausgeschlossen, erklärt er beim Frühstück. Jetzt habe ich noch eine neue Aufgabe. Ich muss selber Frühstück machen. Gabi ist nicht mehr da, Sabine schläft noch, oh Lucie, du fehlst mir. Aber ich komme gut zurecht mit dem Wasserkochen auf dem Holzfeuer im Herd.

Die Jungs stehen auch auf. Fabian hat einen kleinen Umlauf am Finger, der ihm sehr weh tut. »Er soll ihn kühlen«, meint Franz.

Meine Hirten gehen schon mal vor, ich muss erst noch spülen, kehren, aufräumen, und dann gehe ich hinterher. Heute »fahren« (das ist der Fachausdruck für den Viehtrieb auf der Alm) wir zu den Drei Trögele. Das ist noch mal ein ganzes Stück höher, auf 2.400 m. Kaum bin ich oben, streckt mir Fabian einen dick geschwollenen Finger entgegen. »Hast du eine Nadel?« Habe ich nicht und auch nichts zum Desinfizieren. Also wieder runter mit ihm, zwanzig Minuten Abstieg. In der Hütte ist Martina schon fleißig. Ich verarzte Fabian, der sehr tapfer ist.

Nach dem Essen geht es erneut hinauf, vierzig Minuten Aufstieg. Fabian ist wieder mit von der Partie. Das Pflaster muss viel aushalten. Wobei mir sein Finger gar nicht gefällt!

Als wir wieder zur Hütte abtreiben, fragt Fabian, ob er noch eine Nacht hierbleiben dürfe. Ich zeige Martina den Finger und bin der Meinung, da muss ein Arzt draufgucken. Also fährt er mit ins Tal.

Nach dem Melken mache ich schnell Abendbrot und fahre dann ins Tal, Sabine abholen. Die hat einen tollen Tag am Antholzer See verbracht und ihr Knie geschont. Da Franz wieder im Tal bleibt, sind die Jungs mit uns alleine.

Freitag, 21. Juli

Heute könnte eventuell »das Hotel« kommen. Deshalb putze ich die Hütte und vor allem das Bad. Dann steige ich hinter Viechern und Jungs den Berg hinauf. Um 11 Uhr muss ich wieder gehen. Denn, wenn Karin nicht kocht, für die Hotelgäste und uns, dann muss ich es selber tun.

Aber sie ist da, und ich habe eine halbe Stunde Zeit für mich: Zeit, um im Käsebuch zu lesen, um mich weiterzubilden und zu informieren, über die Unterschiede der Milchverarbeitung. Auch das gehört schließlich zur Arbeit einer Sennerin.

Martina erzählt, Fabian habe eine Blutvergiftung, war im Krankenhaus und bekomme jetzt ein Antibiotikum.

Gut, dass ich ihn nach Hause geschickt habe. Eva und ihr Kalb sind runter ins Tal. Stattdessen steht jetzt eine neue Kuh im Stall, die Iris.

Außerdem hat der Großvater zwei »Hüttenkälber« hochgebracht. Die sollen wohl demnächst auf der Hüttenweide bleiben. Elias hat neue Anweisungen für mich. Scheinbar lässt Franz mich so langsam ganz alleine wurschteln.

Die Kuh »Nur« abends nicht mehr melken, die »Iris« bekommt kein Kraftfutter und wird auch nicht gemolken, sie ist trocken gestellt. Die »Nur« wird trocken gestellt, deshalb nur noch einmal am Tag melken.

Die Hüttenkälber bekommen »P14« als Kraftfutter. Kriegen sie Heu? Kriegen sie Wasser? Wie oft? Wie viel? Was heißt kümmern? Kommen sie raus?

Samstag, 22. Juli

Morgens brauche ich nicht mit den Tieren hoch, die Hirten kommen alleine zurecht. Ich mache Kartoffelsalat und Obstsalat als Mittagessen.

Als Andreas zum Essen kommt, und wir beide gegessen haben, gehen wir mit Zaunpfählen beladen (jeder fünf Stück) wieder rauf.

Oben an den Drei Trögele soll an der Grenze entlang ein Zaun gesetzt werden. Gott sei Dank, denn das mit den Grenzen habe ich noch nicht ganz verstanden. Mit dem Zaun ist die Linie, bis zu der die Tiere dürfen, endlich für mich klar erkennbar. An diese Regel muss man sich halten, sonst gibt es Streit zwischen den Bauern.

Elias hilft bis 15 Uhr. Dann geht er runter und wird auch unten bleiben.

Um 17 Uhr ist es kalt und gewittrig, also treiben wir die Tiere langsam ab. Nach der Hälfte der Strecke ruft Andreas plötzlich: »Mich hat eine Biene gestochen!«. Ich sage: »zuhause tun wir Zwiebel drauf.« Er schaue sich den Stich am Fuß noch mal an, zieh den Stachel raus, wie er sagt, und wir gehen langsam weiter. Dann merke ich, dass mit ihm etwas nicht stimmt. Seine Augen schwellen an, er bekommt keine Luft mehr; er reagiert allergisch auf den Stich, und es geht ihm zusehends schlechter. Wie bekomme ich ihn zur Hütte runter? Empfang mit dem Handy habe ich nicht, und mein Akku ist auch bald leer. Als die Gatterer-Alm in Sicht ist, lassen wir die Tiere Tiere sein, ich lasse die Rucksäcke liegen, und wir bitten den Gatterer, uns zu helfen. Er fährt uns bis zur Hütte. Andreas weiß, dass in der Hütte Cortisontabletten von Elias liegen, der reagiert auch allergisch auf Stiche. Ich gebe ihm eine solche Tablette. Elias fährt mit dem Gatterer wieder hoch, die Tiere zu sortieren. Ich steige mit Andreas ins Auto und fahre Richtung Tal. Als wir gerade losfahren, kommt Franz uns mit seinem Auto entgegen. Ich erzähle ihm von unserem Notfall. Seine erste Frage ist nach den Tieren – wo die sind, wer aufpasst. »Scheiß Bauer!« Ich mache mir große Sorgen um Andreas, und er fragt nach den Tieren. Na ja, die kommen gerade um die Ecke. Er bringt sie noch mit mir in den Stall und fragt, ob ich die Jungs morgen brauche. Ich brauche sie aber nicht, denn morgen habe ich »frei«.

Also fahren die beiden mit ins Tal. Für Andreas wird es auch höchste Zeit. Die Cortisontablette hat ihm zwar etwas Linderung gebracht, aber Luftnot hat er nach wie vor.

Mittlerweile ist es 19 Uhr. Ich muss noch: beim Gatterer die Rucksäcke holen, das Hirtenkästle (eine transportable Batterie, die sich mit einer Solarzelle auflädt und den Zaun mit Strom versorgt, damit die Tiere nicht zurückgelassen werden) abgeben, melken, Tiere versorgen, ins Tal fahren, Milch abgeben und Sabine, Felix und Elisabeth (meine neuen Gäste) abholen. Also, jetzt alles der Reihe nach erledigen.

Beim Gatterer bekomme ich die Bestätigung der frohen Botschaft: Ich kann die Kühe morgen nach dem Melken zu ihm hochtreiben. Dann nimmt er sie mit, und um 17 Uhr soll ich sie wieder abholen. Das klingt ja sehr verlockend. Was tue ich denn dann morgen? An der Hütte bleiben, etwas unternehmen? Ich kann mich gar nicht entscheiden. Ich erledige der Reihe nach meine Arbeiten und fahre dann ins Tal. Langsam liegen meine Nerven blank. Ich kämpfe mit den Tränen. Die Sorge um Andreas und die anschließende Arbeit haben mich sehr mitgenommen. Das Laufen durch das Gelände hier, auch bis zum Gatterer, ist immer mit steil ansteigen oder steil absteigen verbunden; das braucht zusätzlich viel Kraft. Bis unten im Tal habe ich mich wieder im Griff. Mein Almleben ist schon sehr nervenaufreibend.

Ob es richtig war, den Kälbern Wasser und Heu zu geben? Ich bin mir nicht sicher. Richtige Anweisungen habe ich nicht bekommen, aber verhungern lassen kann ich sie ja auch nicht. Als ich die Milch bei Burgers abgebe, ist Martina mit Andreas ins Krankenhaus nach Bruneck gefahren. Franz besteht darauf, dass ich mich setze (die Gäste seien sowieso noch nicht da, meint er). Ich bekomme Kartoffelsalat und Grillfleisch, und wir reden noch einmal über die Situation. Ich hätte die »erste Hilfe« anrufen sollen, meint er – ich hatte aber keinen Empfang. Ich hätte mit Grasnarben kühlen sollen – hilft das bei Allergie? Ich bin jedenfalls froh, dass Andreas jetzt im Krankenhaus untersucht wird.

Gestärkt und etwas ruhiger gehe ich meine Gäste an der Talschlusshütte abholen. Die haben sich schon gefunden und kennengelernt. Ach ist das schön Elisabeth, zu sehen. Felix, ihr erwachsener Sohn, scheint etwas introvertiert zu sein, aber ich werde ihn schon kennenlernen.

Die Fahrt hinauf ist wieder abenteuerlich für die Neuen – für mich nicht mehr. Hunger haben sie natürlich alle. Während Felix das Matratzenlager bezieht, zieht Elisabeth zu mir ins Sennerinnenzimmer ein und schläft in Lucies Bett. Wir machen Bratkartoffeln mit Topfen. Es gibt so viel zu erzählen. Aber alle meinen, morgen ist dein freier Tag, gehe nur mal ins Bett, morgen erzählen wir weiter.

Sonntag, 23. Juli

Heute habe ich frei. Das heißt, um 6 Uhr aufstehen, Kühe melken, füttern, Stall reinigen und die Tiere hochtreiben bis zur Hütte vom Gatterer.

Felix ist auch früh aufgestanden und hilft mir im Stall und

beim Treiben. Normalerweise treiben wir die Kühe erst nach dem Frühstück. Da aber mein Sennerkollege Peter, genannt der »Gatterer«, gesagt hat, ich solle sie nicht zu spät bringen (gegen acht Uhr), führe ich sie nach getaner Arbeit sofort hoch. Dem Peter nehme ich eine Tüte »Printen-Moppen« mit hoch.

Jetzt geht es los mit dem freien Tag. Erst frühstücken wir sehr gepflegt. Es gibt ja so viel zu erzählen. Elisabeth will alles wissen, das tut so gut. Sie merkt auch, dass die Arbeit und das Leben hier sehr anstrengend für mich sind.

Nach dem Frühstück dusche ich ausgiebig, mit dem ganzen Programm.

Felix möchte wandern und zieht los zur Hochkreuzspitze; die Tour hat Sabine ihm empfohlen. Sabine und Elisabeth machen auch einen Hüttentag. Und dann wird gelesen, erzählt, es werden Briefe geschrieben, das Tagebuch wird ergänzt, wieder wird erzählt und gestrickt. Wir wechseln unsere Plätze von der Sonne in den Schatten, mal sitzen wir zusammen, mal jede für sich. Elisabeth spielt Flöte. Der Großvater kommt im Sonntagsstaat vorbei. Wir erzählen etwas mit ihm. Er lässt die Kälber auf die Weide, bringt sie aber auch wieder in den Stall. Anschließend kommt er noch etwas mit uns erzählen. Er kritisiert unsere Strickerei als knechtliche Arbeit. Diese Arbeit passe nicht zur Sonntagsruhe – Sticken sei etwas anderes. Dann fährt er mit seinem Moped wieder runter zum Hof.

Wir trinken Kaffee, essen Pralinen und Kuchen. Ich schöpfe Rahm von der Milch und schlage Sahne daraus. Ach, was geht es uns gut, und wie gemütlich ist es.

Morgen haben Felix und Elisabeth Geburtstag und wollen mit uns Pizza essen gehen. Ich denke aber, wir gehen besser heute. Meine Sorge ist, dass die Pizzeria (Hotel Stoll in Unterplanken) nur am Wochenende geöffnet hat.

Also, wenn die Kühe pünktlich kommen und der Felix zeitig

ist und im Stall nichts Besonderes anliegt, dann gehen wir auch noch Pizza essen, ein toller Tag!

Was soll ich sagen! Der Gatterer bringt die Tiere pünktlich um 17.15 Uhr. Gleichzeitig mit den Tieren kommt Felix den Berg herunter. Er treibt mit mir die Kühe runter und wird sich stadtfein machen.

Im Stall läuft alles hervorragend, ich werde pünktlich fertig. Um 19 Uhr machen wir uns auf den Weg. Die Milch geben wir bei Burgers ab. Die sind unterwegs, nur die Großmutter ist da. Sie erzählt mir, dass Andreas einen Tag im Krankenhaus bleiben musste. Über unseren späten Ausflug wundert sie sich sehr, und dass wir noch so weit rausfahren wollen. Ja, die alten Leute aus dem Tal kommen nicht so weit herum.

Bei Stoll sind alle Parkplätze voll. Maria steht hinter der Theke und macht erstaunte Kulleraugen. Dann begrüßt sie uns herzlich und erzählt, sie habe uns schon mal besuchen wollen. Aber sie habe nicht so genau gewusst, wo meine Alm sei. Wilhelm hat Pizza-Stress – aber auch er begrüßt uns und grinst breit. Gemütlich sitzen wir in einer Ecke, trinken Radler, und ich bestelle eine »Vier Jahreszeiten«. Die anderen lesen die Karte rauf und runter, ehe sie sich entscheiden, das brauche ich nicht. Oh, es schmeckt köstlich. Zum Schluss bezahlt Felix auch noch für uns auf den morgigen Geburtstag. Im Dunkeln fahren wir wieder rein ins Tal und den Berg hinauf. Ein wunderbarer freier Tag und keine Katastrophe kleineren oder größeren Ausmaßes hat gestört.

Montag, 24. Juli

Elisabeth und Felix haben heute Geburtstag. Gegen 7 Uhr kommen meine Hirten wieder hoch und machen sich mit den Tieren auf den Weg. Felix unternimmt mit Sabine eine Geburtstagswanderung, Elisabeth bleibt in der Hütte. Sie kocht für uns zu Mittag und sagt auch noch, dass ihr das an ihrem Geburtstag großen Spaß macht. Die beiden haben eine Geschenktüte mitgebracht, und die wird noch vor allen Aktionen genüsslich ausgepackt. Den ganzen Tag brennt eine Kerze auf dem Tisch. Sabine und Felix verstehen sich gut, und auch Elisabeth und Sabine haben sich viel zu erzählen. Da haben wir wieder mal eine tolle Hüttengemeinschaft beisammen. Beim Mittagessen erzählt Elisabeth von ihrem besonderen Besuch am Vormittag an der Hütte. Nach kurzem Klopfen ging die Küchentür auf und herein kam, formvollendet grüßend, ein höchst offiziell gekleideter Förster. Elisabeth hat wohl entgeistert ausgesehen »Was will dieser Herr?« Er wollte die Fahrerlaubnis auf dem Auto prüfen und nicht fortgehen, ohne »Grüß Gott« gesagt zu haben. Sicher war er auch ein wenig neugierig auf die deutsche Sennerin. Umso erstaunter hat er geguckt, als er Elisabeth antraf, die ihn darüber informierte, dass die Sennerin mit den Tieren unterwegs sei.

Im Laufe des Tages treffen sich meine Gäste an der Kaseralm und kehren hier ein. Maria, die Sennerin, ist eine Tante von Martina. Also wird viel von der deutschen Sennerin gesprochen, und auch von den Hirten. Morgen wollen sie mich kennenlernen, wie ich berichtet bekomme.

Dienstag, 25. Juli

Für heute Mittag haben wir uns an der Kaseralm verabredet, Elisabeth, Felix, Sabine, Elias und ich. Andreas muss noch mal ins Tal zur Blutabnahme.

Elias denkt, dass wir so gegen 13 Uhr zum Treffpunkt kommen können, denn heute werden die Rinder von den Kühen getrennt und weitergetrieben.

Nach dem Frühstück machen wir uns wie immer auf den Weg. Ab den Drei Trögele bin ich alleine für die Kühe zuständig, und Fabian und Elias treiben die Rinder zusammen. Langsam wird die Herde weiter den Berg hinaufgeführt. Das ist gar nicht so einfach, denn zwei Tiere, unsere Insl und die Susi vom Gatterer, wollen wieder zurück. Irgendwann sind sie aber hinter der Bergkuppe verschwunden.

So, denke ich, jetzt eine halbe Stunde, dann passt alles perfekt. Plötzlich kommt die Susi im Affenzahn den Berg hinunter, Fabian hinterher. Wie der das macht, so zu laufen, in dem Gelände, ist mir ein Rätsel. Bis runter zu den Kühen kommt die Susi, und auch an uns vorbei. Wir bekommen sie nicht gehalten, obwohl ihr die Zunge weit aus dem Maul hängt. Fabian flucht, lässt sie laufen und wandert den Berg wieder hinauf.

Die halbe Stunde ist um, Elias aber weit und breit nicht zu sehen. Nach einer guten Stunde, ich habe mittlerweile eine SMS an Sabine geschickt, dass wir später kommen, sehe ich Elias den Berg hinunterkommen. Die Almwiese, wo die Rinder jetzt sind, ist wohl sehr viel weiter, als ich gedacht habe: auf zur Kaseralm den Almweg 2.000 entlang, gerade darauf zu. Als wir um die Ecke kommen, schauen schon alle der deutschen Sennerin entgegen. Mit unserem Kommen hatten sie kaum noch gerechnet. Ich werde herzlich begrüßt und willkommen geheißen. Auch freuen sie sich, dass sie Elias noch mal sehen. Der kriegt ein paar Ermahnungen als Hirte, von wegen selbstständig sein, und dass die Sennerin nicht immer mit muss. Und dann bestelle ich mir Kaiserschmarren, und Elias Eier und Speck. Sepp, der Bruder von Maria, überall weitbekannt als der »Barcelona!«, eine Stimmungskanone in St. Magdalena, hilft hier oben mit, wenn viel los ist. Er stellt schnell und diskret klar, dass ich bezahlen muss. So sind sie, die Südtiroler. Maria, die Sennerin, ist schon über siebzig Jahre alt. In ihrer Küche hängt ein Holzteller, der sie für 45 Jahre Tätigkeit als Sennerin auszeichnet. Wann sie den bekommen hat, weiß sie nicht mehr genau. Sie hat schon als ganz junges Mädchen hier oben den Sommer als Sennerin verbracht. Liebevoll sind die Tische der Alm mit frischen Blumen aus dem Garten geschmückt. Hinter der Hütte liegt ein kleiner Bauerngarten. Hier wachsen in dieser Höhe Salat, Kartoffeln, Bohnen, Kräuter und Blumen.

Nach dem Essen, gegen 15 Uhr, brechen Elias und ich wieder auf. Wir müssen noch mal nach den Rindern schauen. Puh, das wird ein Aufstieg, heute ist es sehr heiß. Und dann sehe ich, wo die Rinder sind – viel weiter weg, als ich gedacht habe. Aber alle sind da, die vom Kipfler sind auch von Weitem zu sehen. Dann können wir wieder zu den Kühen zurück und mit ihnen zur Hütte ziehen.

Mittwoch, 26. Juli

Sabines Urlaubszeit ist vorbei, heute reist sie ab. Sie will noch eine Zwischenstation machen, um dann am Donnerstag ausgeruht beim Geburtstag eines Freundes zu sein. Also ziehen die Hirten alleine mit den Tieren los, und ich fahre meine Gäste ins Tal. Elisabeth und Felix fahren mit; sie machen heute eine Tour nach Toblach. Mittags bin ich mit den Hirten alleine. Nach der Mittagspause ist es wie immer schwierig, sie auf den Weg zu bringen. Weil sie ohne die Rinder schneller wären, könnten sie später losziehen, meinen sie und gehen erst um 17 Uhr weg. Das heißt, ehe sie wirklich weg sind, ist es fast 17.30 Uhr, und es regnet. Ich brauche nicht mitzugehen, sagen sie. Ab 19 Uhr erwarte ich sie zurück. Abendbrot ist fertig, die Milchküche vorbereitet, Stall vorbereitet – sie kommen nicht. Es braut sich ein dickes Gewitter zusammen. Direkt über mir blitzt und donnert es gewaltig, ich mache mir langsam Sorgen. Zwischendurch kracht es so, als ob es eingeschlagen hat, und die Hirten und die Tiere kommen nicht – um 20 Uhr sind sie da.

Ich bin mittlerweile so wütend und in Sorge, dass ich erstmal ein Donnerwetter loslasse: Sie hätten ihren Spaß, ich käme um vor Sorge, Gäste säßen im Tal, die müsse ich noch holen, Feierabend wäre auch nicht in Sicht. Mann, war ich wütend – das haben sie gut gemerkt. Als ich nach der Stallarbeit ins Tal fahre und mit Elisabeth und Felix wiederkomme, haben sie mit dem Abendbrot gewartet und sind ganz kleinlaut. Wir sprechen ab, dass die Tiere möglichst bis 19 Uhr hier sein sollen. Im Stillen nehme ich mir vor: Demnächst gehst du mit, da weißt du, was passiert, dass sie sich nicht verspielen und ob alles gut ist.

Donnerstag, 27. Juli

Heute gehen Elisabeth und Felix mal zum Kühehüten. Das Tempo ist für Elisabeth genau richtig, und im Gelände kommt sie auch ganz gut zurecht. Felix geht es wie mir, manchmal wird einfach zu viel erzählt, und es ist sehr langsam. Für heute stände auch wieder an, dass »das Hotel« kommt. Dann brauchen wir nicht zu kochen, aber sicher ist es nicht. Als wir die Kühe auf ihrer Weide haben und die Hälfte von ihnen liegt, laufen wir bis zum Almweg 2.000. Von hier aus können wir unsere Hütte sehen. Da ist »kein Hotel«, da ist nicht gekocht. Also, auf zur Kaseralm, wir lassen heute kochen.

Auf dem Rückweg zur Hütte sind die Jungen richtig aufgedreht. Sie rollen sich den Hügel zur Hütte herunter. Elias kommt etwas später, denn er ist noch beim Gostner vorbeigegangen. Das ist der Senner auf der Alm, die links neben mir liegt.

Abends, als wir die Küheholen wollen, sind die sehr weit

oben. Das ist schon ein anstrengender Weg zweimal am Tag. Aber das hält fit und macht Spaß. Ich frage mich, was die Kühe dazu antreibt, so hochzusteigen. Wir finden sie kurz unter den Geröllfeldern der Riepenspitze. Das Geheimnis ist schnell gelüftet. Hier oben wächst ein großes Kleefeld. Nicht so üppige Pflanzen, wie ich sie auf unseren Weiden kenne, aber für die Kühe eine Delikatesse, für die es sich lohnt, ganz hinaufzusteigen.

Von wegen »dumme Kuh«, die alten Tiere, die schon seit acht Jahren auf die Alm ziehen, kennen diese Stelle ganz genau und führen die Jungen hin. Für uns bedeutet das, immer eine besonders große Runde durch die Berge zu laufen, ehe wir sie alle zusammen haben.

Auf dem Rückweg grübele ich, ob wohl übers Wochenende Bernd kommt. Mit den Jungs? Die Hirtenjungen würden meine Familie so gerne kennenlernen. Er hat ja was von einem Termin in München geschrieben.

Hoher Besuch

Ein Tag wie jeder andere: auf zum Kühehüten! Felix geht wandern, Elisabeth bleibt an der Hütte. »Das Hotel« kommt heute auch nicht, also gibt es nichts Besonderes. Nachmittags sitzen Elisabeth, Andreas, Elias und ich in der Küche und erzählen, schreiben und stricken. Andreas macht mal ausnahmsweise das Radio an. Es wird durch eine Autobatterie betrieben und eigentlich nur morgens beim Frühstück kurz angemacht, um das Wetter zu hören. Sonst verbraucht es zu viel Strom, und die Batterie reicht nicht für den Sommer. Beim Sender Radio Tirol kommen immer Volksmusik oder alte Schlager. Elisabeth und ich singen lautstark mit, und die Jungen sind ganz beeindruckt. Dann spielen sie das Lied »Ich hab noch Sand in den Schuhen von Hawaii«. Textsicher singen wir auch hier aus voller Brust mit, als es plötzlich klopft. Nur Fremde klopfen vor dem Hereinkommen an die Hüttentür, aber um die Uhrzeit noch Fremde unterwegs? Wanderer und Bauern sind jetzt ins Tal. Die Tür geht auf, und herein kommt Bernd. Er ist plötzlich da. Ich falle aus allen Wolken, und die anderen sind auch ganz erstaunt. Er ist den Berg heraufgewandert, um uns zu überraschen. Erst ist er bis zur Gatterer-Alm gewandert, hat da aber gemerkt, dass er falsch ist.

Von da oben konnte er die Solarzellen auf dem Dach meiner Alm sehen und dachte, das muss die Hütte von Ruth sein. Die Musik, die er dann von drinnen hörte, hat ihn schon sehr irritiert, aber die Stimmen waren richtig. Mensch, was für eine Freude! Auch die Hirten freuen sich, ihn kennenzulernen. Etwas enttäuscht sind wir, dass Benni und Christian nicht dabei sind.

Es ist 16 Uhr, wir müssen rauf zu den Kühen. Die Sonne scheint, alle sind guter Dinge. Bernd möchte natürlich mit (der Ärmste). Nach einem stärkenden Getränk steigen wir zusammen auf.

Ab da, wo wir die Tiere einsammeln, macht Bernd Pause. Ich sage ihm, er muss eineinhalb Stunden Geduld haben, dann haben wir die Tiere zusammen und kommen wieder bei ihm vorbei. Als wir bei den Kühen sind und sie langsam zusammentreiben, zieht sich der Himmel zu, Wind kommt auf, und ein Hagelgewitter geht los. Wir werden klatschnass, bis auf die Haut. Es donnert und blitzt um uns herum. Da kann es einem schon mulmig werden. Ich denke, ein schöner Einstand für den armen Bernd – und keiner hat Regensachen dabei. Bernd hatte es sich auf einem Stein bequem gemacht. Mit Einsetzen des Hagels suchte er Schutz unter einer Krüppellärche. Die bot aber keinen besonderen Schutz: Auch er ist klatschnass. Eigentlich gehen wir nie ohne Regensachen in die Berge. Auch haben wir immer etwas zu trinken dabei. Aber heute waren wir einfach zu aufgeregt, als wir loszogen. Bernd witzelt mit den Jungs herum: »Wie könnt ihr mich nur so laufen lassen?« Ich bin froh, dass ich bei dem Unwetter bei den Hirten bin und nicht am Stall stehe und mir Sorgen mache. Bernd tun die Beine weh – er hat für heute genug getan: eine Fahrt von München, Aufstieg zur Alm, Aufstieg zu den Kühen und Unwetter beim Abtrieb. Ein Tag, den er so schnell nicht vergessen wird. Todmüde fallen wir alle abends ins Bett.

Samstag, 29. Juli

Heute haben wir »Rinderdienst«, das heißt: Die Rinder müssen gezählt werden und eventuell wieder ein Stück höher in die Berge getrieben werden. An dem Tag hütet Fabian dann unsere Tiere mit. Morgen macht er Rinderdienst, und wir hüten seine Kühe mit. Das spart Kräfte.

Bernd und ich bringen die Hirten mit dem Auto bis zur Kasermederalm in 2.200 Meter Höhe, damit haben sie schon ein großes Stück Weg gespart. Ich kann heute unten bleiben.

Jetzt habe ich Zeit Bernd, all die Stellen zu zeigen, wo wir bisher mit den Tieren waren. Er ist begeistert. Erstens darf er mit der Sennerin querfeldein laufen, was den normalen Wanderern verboten ist, zweitens gibt es hier überall in Hülle und Fülle seltene Pflanzen.

Er fotografiert, was der Apparat hergibt. Ich habe soviel zu erzählen und zu zeigen. Endlich sieht er selber, wovon ich immer schreibe.

Zu Mittag hat Elisabeth gekocht, und anschließend packt Bernd seinen Laptop aus. Endlich Technik, das ist ein Fest für die Jungs – und Bernd beantwortet mit aller Geduld die vielen Fragen. Vor allem Andreas hat seinen Spaß.

Alle zusammen gehen wir die Tiere holen, und als wir wieder an der Hütte sind, ist für die Hirten der Dienst für heute beendet. Sie wandern, wie jeden Samstag, ins Tal. Das nennt sich dann für sie »freier Tag«. Zuhause ist Zeit zum Duschen, Fernsehen und was man sonst so machen will. Morgen früh sind sie wieder da.

So sehen die Sommerferien der Jungen hier aus. Drei Monate dauern ihre Sommerferien, von Mitte Juni bis Mitte September. Da sind sie am Anfang der Ferien unten auf dem Hof, und in der ersten Woche im Juli ist der Aufstieg mit den Tieren zur

Alm. Hier verbringen sie dann die Ferien bis zum Ende. Keine Sommerreisen, kein Urlaub am Meer, kein Schlafen bis in den Tag hinein.

Beim Melken und bei der Arbeit im Stall schaut Bernd mir dann zu, denn er kann mir nicht viel helfen. Nur die schweren Milchkannen, die trägt er für mich. Ach, ist das schön, dass Bernd hier ist! Die Jungen sind im Tal, und wir vier, Elisabeth, Felix, Bernd und ich, haben die Hütte für uns alleine.

Sonntag, 30. Juli

Bernd verschläft das Melken. Aber er hat Frühstück gemacht, so leise, dass Elisabeth es nicht gehört hat. Sie ist gestern Abend in die Speisekammer umgezogen, in das Bett, in dem bisher Sabine geschlafen hat. Um 7.30 Uhr stehen die Jungs wieder auf der Matte, Martina hat sie raufgebracht. Wir verabreden uns für abends zum Pizza-Essen im Hotel Stoll. Denn wenn Bernd zu Besuch ist, dann ist auch mal Pizza-Essen bei Stoll angesagt.

Wir machen uns mit den Kühen auf den Weg, und Bernd lernt eine ganz andere Arbeitsdevise kennen. Nicht schnell, schnell, sondern schön langsam, die Kühe bestimmen das Tempo. Jetzt lernt er auch die anderen Plätze kennen, von denen ich soviel geschrieben habe.

Mittags, an der Hütte, ist Zeit für mich zu duschen, denn wenn wir das heute alle wollen, dann muss die Zeit gut eingeteilt werden. Und wenn ich nach dem Melken abends unter die Dusche gehe, dann wird es zu spät, um ins Tal zu fahren. Die Dusche hat warmes Wasser. Das wird durch einen Durchlauferhitzer erzeugt, der mit einer Gasflasche betrieben wird. Auch damit müssen wir sparsam umgehen. Wenn ich morgens und abends im Stall arbeite und die Melkanlage spüle, dann gibt es oben kein warmes Wasser, dann brauche ich es unten im Stall. Deshalb müssen wir immer absprechen, wer wann duscht.

Elisabeth hat zu Mittag gekocht. Als Nachtisch gibt es Obst. Dieser Nachtisch erinnert sie an ihre adelige Verwandtschaft. Sie erzählt uns, wie dort gegessen wurde. Vom Umgang mit Messer und Gabel und dass die so vornehm waren, dass die sogar Obst mit Messer und Gabel gegessen haben. Das probieren die Hirten natürlich sofort aus. Aus dieser Geschichte entwickelt sich die Redensart: »Bei Hofe geht das so.«

Als wir bei einer anderen Gelegenheit mal wieder mit Franz und Martina zusammen am Tisch sitzen und Andreas das Obst mit Messer und Gabel isst, schaut Franz sehr verwundert. Ich erzähle ihm vom Leben bei Hofe, und er sagt: »Was kommt da noch auf mich zu!« Wieder mal ein Grund, herzhaft zu lachen.

Nach Kaffeepause und Spiel- und Technikzeit ruft der Abtrieb wieder. Das ist der Tagesrhythmus, so geht's an jedem Tag. Nach getaner Arbeit bringen wir die Hirten ins Tal nach Hause zum Umziehen, und wir fahren schon mal vor zu Stoll.

Die Pizza schmeckt köstlich, und es gibt so viel zu erzählen. Martina und Franz freuen sich auch, Bernd kennenzulernen. Spät ist es, als wir wieder in die Berge fahren. Erst um 23 Uhr liegen wir endlich alle im Bett.

Montag, 31. Juli

Die Jungs machen Hütedienst, Elisabeth, Felix, Bernd und ich fahren ins Tal. Elisabeth und Felix wollen einen Ausflug zu den Drei Zinnen machen. Die Talfahrt nutzen Bernd und ich, um in Welsberg beim Schuhgeschäft nach unseren Schuhen sehen zu lassen. Natürlich wird auch hier über mein Leben auf der Alm erzählt. Ich muss meine Wanderschuhe abgeben, denn beim

Trocknen in der Backröhre hat sich die Sohle gelöst. Also so schnell darf ich die Schuhe dann doch nicht trocknen. Das gute alte Zeitungspapier ist immer noch die beste Lösung, sagt mir der Schuhmacher. Im Dorfcafé trinken wir Cappuccino und Tee, beim Bäcker kaufen wir verschiedene süße Stuten fürs Geburtstagsfrühstück, und im Supermarkt kaufen wir eine Zitronenpresse und was sonst noch fehlt. Dann heißt es wieder hinauf zur Hütte, zum Kochen. Bei den Kühen gab es nichts Besonderes, und der Nachmittag ist ruhig wie immer. Die Jungs genießen, dass Bernd da ist. Er versteht sich sehr gut mit ihnen, und seine Technik ist sehr beeindruckend. Abends bringen wir die Milch ins Tal und holen Elisabeth und Felix ab. Ich frage Franz, ob ich morgen frei haben könne, weil ich ja Geburtstag habe.

Er sagt, dass die Jungen zur Kasermederalm zum Essen kommen sollen und dass das dann in Ordnung ginge. Melken tue ich sowieso morgens und abends – da bin ich wieder da.

Dienstag, 1. August

Ich habe heute Geburtstag und werde 44 Jahre alt. Schon am frühen Morgen, vor dem Melken, ist Bernd der erste Gratulant.

Den Kühen im Stall ist dieser Tag völlig egal.

Beim Frühstück gibt es eine Kerze und Blumen, die Bernd extra gepflückt hat.

Elisabeth und die Jungs gratulieren mir und überreichen Geschenke. Etwas zum Knabbern und einen Strohkorb, damit ich die Sachen aus dem Kühlraum besser transportieren kann. Die Geschenke von Bernd habe ich schon bekommen. Da gibt es eine neue Latzhose samt Jacke, damit ich die passende Arbeitskleidung habe. Außerdem bekomme ich ein supertolles Fernglas, eines der besten. Ich will nicht wissen, was das gekostet hat.

Auch Franz ist davon ganz beeindruckt.

Als Haus und Stall versorgt und die Hirten unterwegs sind, planen wir den heutigen Tag. Es ist regnerisch und diesig. Felix möchte wandern – am liebsten vom Staler Sattel zur Alm zurück. Staler Sattel, das ist eine gute Idee. Dorthin macht auch ein Autoausflug großen Spaß. Die Überquerung des Sattels ist schon im Tal mit Ampeln geregelt, weil die Straße so eng und kurvenreich ist. Also fahren wir dahin. Es regnet ohne Unterbrechung, aber es ist schön, durch die Berge zu fahren. Die Passstraßenfahrt ist sehr beeindruckend. Oben angekommen, lassen wir Felix raus zu seiner Wanderung und fahren Richtung Lienz.

In Hopfgarten machen wir eine Pause und trinken einen Cappuccino. Als wir dann nach Lienz kommen, wird das Wetter etwas besser. Wir bummeln durch die Stadt und kehren im Rathauskeller zu Mittag ein. Elisabeth kauft noch einige Lebensmittel. Dann machen wir uns wieder auf den Heimweg. So richtig haut mich das Stadtleben nicht um. Ich freue mich wieder auf »meine Alm«. Oben angelangt, machen wir uns einen gemütlichen Geburtstagskaffee. Wir trinken Tee und essen Linzertorte. Die war morgens bei den Geschenken dabei. Martina kommt so gegen 18 Uhr. Sie hatte mir schon Honig und Blumen auf den Tisch gestellt. Jetzt gratuliert sie mir persönlich und fragt, ob wir schon im Kühlraum waren. Nein, waren wir noch nicht. Erst muss ich in den Stall.

Auch Andreas »schlawinert« um mich rum und fragt, ob ich schon unten im Kühlraum gewesen sei – denn da gäbe es eine Überraschung. Langsam wird es doch spannend. Endlich bin ich im Stall fertig. Wir gehen zusammen in den Kühlraum gucken. Und da steht eine wunderschöne Torte mit der Aufschrift »Für die Sennerin Ruth zum 44. Geburtstag«. Die ist ja schön mit grünen Kiwis als Wiese, einer Marzipankuh und Marzipanpilzen. Wir nehmen sie mit rauf und werden sie zum Nachtisch essen. Mensch, ist das ein ruhiger, gemütlicher Geburtstag. So einen hatte ich noch nie. Aber um 21.30 Uhr ist Schluss – da muss die Sennerin mal wieder schlafen gehen.

Mittwoch, 2. August

Heute reist Bernd leider wieder ab. Der Tag beginnt wie immer. Die Hirten verabschieden sich von Bernd und fragen, ob er noch einmal wiederkäme. Das weiß er aber noch nicht. Als die Jungs mit den Kühen losgezogen sind, packen wir alles ins Auto. Elisabeth und Felix fahren mit ins Tal. Ich gebe die Milch ab, Bernd verabschiedet sich von der alten Frau Burger. Die sagt ihm sehr deutlich, dass er noch mal kommen müsse. Die anderen sind im Heu, Bernd richtet Grüße aus.

Er fährt mit schwerem Herzen. Die Tage auf der Alm haben ihm echt gut getan. Die Ruhe, der Tagesrhythmus und – nicht erreichbar zu sein. Jetzt kommt der Alltag wieder. Bis er an der Kirche um die Ecke ist, winke ich hinter ihm her. Dann fahre ich wieder den Berg hinauf und weiß, dass ich noch lange von den Tagen zehren werde, die er hier war. Ich folge den Hirten beim Auftrieb, und auch mein Alm-Alltag geht weiter.

Donnerstag, 3. August

Und wieder ist ein Abschied. Elisabeth und Felix reisen heute ab. Felix hat Stress bis zur letzten Minute, weil er den Holzstapel noch aufräumen will. Das hatte er sich von Anfang an vorgenommen. Elisabeth packt, räumt auf und macht sich langsam reisefertig. Dann ist es soweit, ich bringe sie ins Tal – es regnet wieder. Felix schenkt mir sein Imprägnierspray. Die beiden verabschieden sich von mir und betonen noch einmal, wie schön der Urlaub auf der Alm gewesen sei. Für die Jungs hat Elisabeth noch eine Packung Stifte und Blöcke hingelegt.

Als ich die Hirten wieder treffe, stellen wir traurig fest, dass wir jetzt erst einmal alleine sind.

Für mich heißt das, Frühstück alleine machen, mittags kochen – manchmal weiß ich gar nicht, was, weil es immer so schnell gehen muss. Abends wieder Essen zubereiten, spülen, aufräumen, die Hütte sauber halten. Wenn die Hirten im Bett sind, bleibt mir eine halbe Stunde für mich alleine. Die genieße ich sehr, denn zum Stricken oder Schreiben beim Hüten komme ich kaum noch, weil wir wenig sitzen, sondern mehr mit den Tieren unterwegs sind. Und in der Hütte war es bis jetzt auch immer schwierig, weil so viel anderes war.

Freitag, 4. August

Alltag auf der Alm ohne Gäste – alles muss man selber machen.

Morgens, nach dem Aufstehen, ist mein erster Gang immer auf den Balkon zum Thermometer. Das zeigt -2° C, und ich sehe Neuschnee auf den Bergspitzen. So ist das in den Bergen, im August der erste Schnee. Nach dem Frühstück machen sich die Hirten auf den Weg. Ich mache den Stall sauber. Da kommt Franz mit Kraftfutter hoch. Er sieht die Herde gerade oberhalb der Unterhaberhütte und ist sehr unzufrieden mit der Treiberei seiner Söhne. Die ziehen zu spät los, sie müssten schon viel höher sein. Ich spreche mit ihm noch einmal über den Ablauf dieser Arbeit, und ich nehme mir vor, in Zukunft noch mehr darauf zu achten, dass sie früher losziehen und beim Treiben nicht ganz so trödeln.

Als wir uns nachmittags gerade fertig machen, um die Kühe

zu holen, klingelt das Handy. Es ist Martina, die uns zu den Rindern schickt, Franz käme auch hoch. Da der Schnee immer tiefer kommt, wird der Weidenaufenthalt für die Rinder zu gefährlich, wir müssen sie in den Stall holen. Also los, heute wartet noch viel Arbeit auf uns.

Samstag, 5. August

Heute haben wir Kühedienst. Die Rinder sind gestern doch oben geblieben, weil der Schnee wieder zurückgegangen ist. Tja, in den Bergen muss man das ganze Jahr mit Schnee und Wetterkapriolen rechnen. Auf dem Weg nach oben stellt Elias fest, dass es so viel zu kalt ist mit seinen Klamotten. Aber zur Hütte zurück will er auch nicht laufen. Also lasse ich sie weiterziehen und gehe zurück. Da wir uns heute mit Martina und Franz in der Mittagspause beim Heumachen auf der Kasermeder treffen, bringe ich die warmen Sachen für Elias mit dorthin. Die Jungs kommen etwas später, aber es gibt nichts Besonderes, sie haben halt getrödelt.

Viel tun können wir nicht beim Heumachen, denn es ist zu nass. Martina bringt zur Kasermeder immer Mittagessen in Warmhaltegefäßen, sodass wir hier warmes Essen bekommen – tolle Leistung. Das Leben auf der Alm braucht viel Energie. Da ist es wichtig, dass jede Mahlzeit ausreichend und sättigend ist. Für Martina bedeutet das, dass sie circa 20 kg im Rucksack und in Taschen den Berg hinaufschleppt.

Am Nachmittag gehen wir von der Kasermeder zu den Kühen. Der Weg ist sehr schön – rauf und runter geht es aber auch.

Vom Gatterer aus gehen die Jungs zu Fuß ins Tal, ich bin heute ganz alleine auf der Alm. Ein ganz neues Gefühl für mich. Nach getaner Arbeit schließe ich die Stalltüre ab und genieße die Ruhe. Aber um 21.30 Uhr liege ich wie immer im Bett, denn fehlenden Schlaf kann ich mir nicht leisten. Ich lese noch etwas, schlafe aber wieder mal schnell darüber ein. Franz hatte gefragt, ob ich Angst alleine hätte – habe ich aber nicht. Wer treibt sich schon nachts in den Bergen herum und weiß, dass ich alleine bin?

Sonntag, 6. August

6 Uhr, der Wecker klingelt, die Kühe warten. Keine Jungs wecken – alleine frühstücken – und dann die Kühe hochtreiben. Kühedienst hat heute der Fabian, und Franz übernimmt vormittags den Rinderdienst, nachmittags sollen die Hirten dann wiederkommen.

Ich putze die Hütte und mache es mir dann gemütlich. Im Laufe des Vormittags kommt Franz vorbei und fragt, ob was fehlt, er ist wieder auf dem Weg ins Heu. Dann bin ich wieder alleine. Ich koche mir Nudeln, Ei, und dazu gibt's Salat. Alleine essen macht auch Spaß. Als dann im Laufe des Nachmittags die Jungs wiederkommen, freue ich mich trotzdem, denn das bringt wieder Leben in die Bude. Schon von Weitem rufen sie über die Gostnerwiese. Sie kommen aus der Pfoi, das ist ein Bergeinschnitt weiter, wo Burgers auch Wiesen haben und jetzt mit dem Heuen begonnen haben.

Gemeinsam machen wir uns nach einer Marende (der Nachmittagsimbiss, bevor die Arbeit wieder startet) auf den Weg. Ich zu den Kühen – sie zu den Rindern. Für die Jungs ist das Wochenende zu Hause schon sehr wichtig, auch wenn es kurz ist. Das merke ich jedes Mal.

Nur der Schlaf kommt dort meistens zu kurz.

Eine Überraschung für die Hirten

Montag, 7. August

Der Montagmorgen ist immer Großkampftag, denn da wollen die Jungs nicht aus dem Bett. Das Wochenende mit Fernsehen und lange Aufbleiben steckt dann noch sehr in den Knochen. Nach Bitten, Betteln, Schimpfen und Treiben machen meine Hirten sich dann doch irgendwann auf den Weg. Ich putze die Hütte, denn eventuell kommt heute »das Hotel«. Karin ruft dann aber an, als ich gerade fertig bin mit allem, dass sie nicht kommen. Also gehe ich den Hirten nicht nach, sondern koche selber. Vorher telefoniere ich mit Bernd und bestelle Pullover, die Lucie mir mitbringen soll. Denn warm ist es nach wie vor nicht, trotz August. Als die Kartoffeln kochen, kommt Martina.

Sie kocht heute für uns, da die Männer auf der Kasermeder im Heu sind und auch zur Hütte kommen. Wir haben Zeit zum Erzählen und sprechen über alles Mögliche. So auch über die Almzukunft. Es wird klar, dass sie gerne die deutsche Sennerin weiter engagieren würde. Ideen gibt es genug, und vorstellen können wir beide uns das auch. Ich sage ihr, dass ich im nächsten Jahr höchstens ein bis zwei Monate kommen kann, denn ich habe ja auch noch Familie und meine geplante Arbeit. »Tja«, meint sie, »dann musst du dir wohl eine Vertretung suchen.« Ich denke, mal sehen, wie alles so wird. Die Männer kommen dann doch nicht zum Essen, also muss sie mit dem Essen hinfahren. Ich spüle noch, und dann haben die Jungs und ich Zeit, das Video anzusehen, dass Benni mir zum Geburtstag gemacht hat. So ein Laptop auf der Hütte ist schon praktisch. Ich kann meine Fotos alle überspielen und jetzt das Geschenk von Benni genießen. Endlich sehen die Jungs meine Söhne und wissen jetzt wenigstens, wie Benni und Christian aussehen.

Und dann ist die Mittagspause schon wieder rum. Jetzt aber nichts wie los. Wieder den Berg rauf, mit den Kühen runter, füttern, melken, Abendbrot machen. Wie schnell die Tage auf der Alm doch immer vorbei sind.

Dienstag, 8. August

Heute gab es eine schlechte Absprache zwischen den Hirten – denn sowohl Fabian als auch meine Hirten sind zu den Rindern, und ich stehe mit den Kühen alleine da. Meine Info war, der Fabian hat heute Kühedienst.

Wenn ich nicht auf Fabian gewartet hätte, um ihm zu sagen, dass Samanta nicht dabei ist, hätte ich es auch nicht bemerkt. Ich hätte die Tiere bis in den Wald getrieben und wäre gegangen, weil ich davon ausging, dass Fabian am anderen Ende des Waldes die Tiere übernimmt. Da Fabian aber nicht kommt, treibe ich die Kühe selber langsam weiter. Irgendwann kommt er auf seinem Weg zur Hütte bei mir vorbei und wundert sich, dass meine Hirten nicht da sind. Damit klärt sich der Irrtum auf. Er hilft mir noch eine halbe Stunde, dann sind die Kühe auf der Hochebene, und wir können gehen.

Ich wandere zur Kasermeder zum Essen und um mit im Heu zu arbeiten. Als es Zeit ist, die Kühe zu holen, bleibt Elias beim Heu. Andreas und ich ziehen alleine los. Die Kühe stehen im Steilhang. Uns steht ein anstrengendes Einsammeln bevor, das außerdem nicht ganz ungefährlich ist. Ich bin froh, dass ich einen Hirtenstock habe, auf dem ich mich im steilen Gelände ab-

57

stützen kann – den hat mir mein Vater geschnitzt und für das Almleben geschenkt. So ein Stock kann in dem schwierigen Gelände lebensrettend sein.

Beim Zusammentreiben der Tiere gibt es Hilfsregeln, die einem die Arbeit erleichtern: Die obersten drei Kühe kann man stehen lassen, die kommen von alleine nach, wenn die anderen zusammengetrieben werden. Aber auch zu dieser Regel gibt es eine Ausnahme. Nicht alle Tiere halten sich daran. Wenn unsere India ganz oben steht, muss ich auch ganz nach oben steigen und sie holen, denn sie kommt nicht nach. Meistens steht India ganz oben.

Mittwoch, 9. August

Tatsächlich haben wir heute Rinderdienst. Die Hirten wandern rüber, und ich bringe die Kühe bis zum Wald. Wir treffen uns an der Kasermeder, denn Heuarbeit ist angesagt.

Das Heumachen ist in diesem Jahr eine Katastrophe, weil es viel zu kalt und zu nass ist. Schon von Weitem wundere ich mich über die seltsame Ladung, die der Mähtrecker hat. Martina und Franz haben Bettbezüge mit Heu gefüllt. Dieses Heu ist fürs Hotel. Es wird in der Heusauna gebraucht, weil es besonders viele Almkräuter enthält.

Die Jungs kommen vom Rinderzählen und sind von zwei Kreuzottern überrascht worden. Sie sind sehr aufgeregt, Elias steht richtig unter Schock. Die gibt es häufig hier. Wenn die Sonne scheint, liegen sie im kurzen Gras und wärmen sich. Da kann es schnell passieren, dass man eine überrascht und auch gebissen wird.

Die Kühe gehe ich wieder alleine holen, die beiden bleiben im Heu. Viel zu früh bin ich an den Drei Trögele. Ich setze mich und genieße die Aussicht und die Ruhe. Fabian wird bald kommen, dann treiben wir zusammen die Kühe ins Tal.

Plötzlich zieht sich der Himmel zu, und ein Unwetter mit Regen, Blitz und Donner geht los. Ich werde klatschnass, auch unter meinem Krüppellärchen-Schutz. Da ich eineinhalb Stunden zu früh bin, wird die Warterei nicht besonders angenehm. Die Tiere früher zusammenzutreiben ist auch nicht gut, sie brauchen die Zeit, um sich satt zu fressen. Mit Nachlassen des Regens taucht Fabian auf, und wir sammeln die Kühe gemeinsam ein.

Heute kommen neue Gäste, die ich abends im Tal abhole. Meine Schwester Atti mit ihren beiden Töchtern Sabrina (elf Jahre) und Sofie (acht Jahre) kommen auf die Alm, und sie bringen Lucie wieder mit, die nochmal für vierzehn Tage hierbleiben wird. Auf dem Parkplatz erzählen sie mir, unterwegs hatten sie einen kleinen Unfall und sind froh, endlich am Ziel zu sein. Frank und Lukas (Ehemann und Sohn) werden ein paar Tage später nachkommen. Bei dem vielen Gepäck, das sie dabei haben, muss ich zweimal fahren. Lucie ist sofort wieder heimisch in der Hütte und kümmert sich ums Abendbrot und die Kinder, während Atti und ich die zweite Fahrt machen.

Die neuen Gäste beziehen das Matratzenlager, und Lucie wieder das Bett neben mir. Dann machen wir eine große Besichtigungsrunde durch Hütte, Stall und Umland. Nach dem Abendessen ist alles eingerichtet, jeder hat seinen Platz, langsam kehrt Ruhe in der Hütte ein.

Die Hirten ziehen sich schon sehr schnell in ihr Zimmer zurück. Wenn neue Gäste kommen, sind sie immer etwas skeptisch und eher zurückhaltend, aber morgen wird es schon anders aussehen.

Donnerstag, 10. August

Alle haben gut geschlafen, trotz Kuhglocke und Kälbchenglöckchen. Sabrina ist schon früh auf. Nach dem Frühstück geht sie mit die Kühe treiben. Auf der Wiese bei der Unterhabererhütte steht ein Rind. Wie kommt das da hin? Das muss doch oben in den Bergen sein. Als wir näher kommen, sehen wir, dass es kalbt. Elias und Andreas steigen über den Zaun und gehen zu dem Tier. Das Kälbchen liegt im Gras. Etwas weiter finden sie noch ein zweites Kälbchen. Schnell laufen Sabrina und ich zu unserer Hütte zurück und rufen im Tal bei Burgers an, dass sie dem Unterhaberer Bauern Bescheid sagen.

In der Zwischenzeit ist auch Fabian bei den Hirten aufgetaucht und gemeinsam treiben sie Kuh und Kälber in den nahegelegenen Stall. Das Rind ist nachts alleine vom Hochplateau bei der Kasermeder zum Stall gekommen, um hier zu kalben. Tüchtig, tüchtig, denn den Weg ist das Tier ja zum ersten Mal alleine gelaufen! Das ist ein großes Glück für Bauern, und Tier, dass bei dieser Aktion alles gut geklappt hat.

Nachmittags gehen alle Hüttengäste mit, die Kühe holen. Auch Lucie geht mit, bis zu den Drei Trögele, da wartet sie auf uns. Ich bin richtig stolz auf sie.

Atti, die Kinder und ich kraxeln durch die Berge, bis wir alle Tiere zusammen haben. Die Kinder sind eine große Hilfe, und auch Atti kommt sehr gut im steilen Gelände zurecht.

Freitag, 11. August

Die Hirten haben Rinderdienst, und Sabrina bringt mit mir die Kühe in den Wald. Sie ist mittlerweile sehr mutig geworden und treibt schon tüchtig mit. Nach dem Mittagessen wandern Atti und die Kinder zum Pervasan und spielen am Bach. Ich habe ihnen von dem kleinen »Stausee« erzählt, der schon seit Generationen den Hirten als Zeitvertreib beim Hüten dient. Den wollen sie suchen und am Wasser spielen. Lucie begleitet sie. Wir wollen uns dann um 16 Uhr beim Gatterer treffen, um alle zusammen die Kühe zu holen.

Ich bleibe an der Hütte und habe eine Stunde Zeit: Briefe schreiben, Tagebuch nachtragen und die Hütte mal kehren.

Beim Küheholen bleibt Lucie mit Sofie zurück, sie sind für heute genug gelaufen. Atti und Sabrina sind mir wieder eine große Hilfe, denn so brauche ich nicht so viel hin und her zu laufen. Als wir den Berg hinuntergehen, schiebt sich wieder eine dicke Wolke vor die Sonne. Schon wird es kühler. Nur die Alm auf der anderen Talseite, die Aschtalm, die ich immer sehe von meiner Seite aus, die liegt – wie immer – in ihrem Sonnenloch und strahlt herüber.

Vielleicht sollte ich mich dort als Sennerin bewerben, dann hätte ich »immer« Sonne.

Samstag, 12. August

Für heute ist Pizza-Essen geplant. Da Frank und Lukas (zehn Jahre) auch anreisen, wollen wir sie im Tal treffen und dann gemeinsam zu Stoll fahren.

Morgens schlafen die Kinder länger; aber die Hirten, Lucie, Atti und ich sind wie immer früh auf. Kühedienst heißt, dass der Vormittag fest verplant ist mit Hütedienst. Lucie und Atti wollen Hausputz halten. Außerdem hat Atti sich vorgenommen, typische Tiroler Rezepte auszuprobieren und will heute Mittag damit anfangen. Wir freuen uns schon alle darauf.

Mittags, nach Spinatknödeln mit Salat, verabreden wir, dass wir die Kühe pünktlich holen, die Stallarbeit zügig machen, sodass die Hirten und ich um 19 Uhr im Tal sein können. Lucie, Atti und die Kinder gehen zu Fuß runter. Andreas, Elias und ich kommen nachmittags auch zeitig weg, um die Kühe zu holen. Es beginnt zu regnen, und auf der Riepenspitze fällt Schnee. Trotzdem sind die Kühe nicht schon weiter heruntergezogen, sonst machen sie das bei Schneefall schon mal. Stattdessen zieht auch noch Nebel auf, und wir sehen keine Tiere mehr. Die Gatterer-Tiere finden wir recht zügig. Unsere India ist auch dabei. Elias geht mit dem Teil der Herde schon mal zurück. Andreas und ich steigen weiter auf, bis zum »Grün Talele« – hoffentlich sind die Tiere dort. Das Suchen dort bedeutet eine Stunde zusätzliche Arbeit. Wir sagen der Pizza »auf Wiedersehen« und bereiten uns auf einen langen Suchabend vor, denn hier oben sind die Kühe nicht. Als der Nebel etwas lichter wird, entdecken wir ein Kuhhorn über einem Bergkamm. Andreas stellt gerade fest, dass in solchen Situationen letztes Jahr immer der Franz als Rettung auftauchte. Dieses Jahr bin ich dabei.

An dem entdeckten Horn hängt unsere Nora. Dann finden wir auch die anderen Tiere relativ schnell. Nichts wie ab zur Hütte, wir sind klatschnass und durchgefroren. Die Jungen duschen, ich melke – andere Klamotten an und ab ins Tal. Inzwischen ist es 20 Uhr. Auf dem Parkplatz im Tal steht kein Auto mehr, also sind sie schon vorgefahren. Als wir bei Burgers anfahren, steht da auch der Familien-Bus meiner Schwester, und alle sitzen in der Küche. Martina hatte die klatschnasse Bande und den inzwischen eingetroffenen Frank mit Lukas ins Trockene geholt. Die Hirten ziehen sich noch schnell ein frisches »Gwand« an, und endlich fahren wir los zum Pizza-Essen. Bei Stoll ist die Freude groß. Da nicht ganz so viel los ist, kann ich alle mal begrüßen, auch Harald und Claudia in der Küche.

22 Uhr ist es, als wir den Heimweg antreten. Die Hirten schlafen zu Hause, und wir quetschen uns in mein Auto und fahren wieder hinauf.

Sonntag, 13. August

Heute haben die Hirten einen freien Tag und ich eine Überraschung für sie. Frank fahre ich für 15 Uhr runter ins Tal. Ich habe den Jungs einen Kinobesuch geschenkt, und Frank löst ihn mit ihnen ein, denn ich muss ja in den Stall und hüten. Mit Unterstützung von meinen Hüttengästen läuft bei uns alles reibungslos ab. Nach dem Melken und getaner Arbeit fahre ich ins Tal, gebe die Milch ab und hole Frank wieder hoch.

Die Jungen sind ganz begeistert vom Kino; sie haben »Hui Buh – das Schlossgespenst« gesehen, Popcorn gegessen, Cola getrunken und einen schönen Tag gehabt. Franz, der Vater, hatte tagsüber den Rinderdienst für sie übernommen. Morgen früh kommen die Hirten wieder zur Hütte rauf.

Montag, 14. August

Es ist wieder sehr kalt. Das Thermometer zeigte beim Aufstehen -3° C. Die Hirten kommen um 8.30 Uhr mit Franz hoch. Wir brauchen auch nicht so früh mit den Tieren loszuziehen, denn Bodenfrost ist sehr gefährlich. Franz schaut nach dem Kälberzaun und findet Steinpilze, die ersten in diesem Jahr. Elias und Andreas haben gar keine Lust auf Kühehüten und verhandeln, dass sie viel später losgehen können. Aber irgendwann ist Schluss mit Verhandeln, und wir gehen los. Oben ist auch kein Schnee mehr, alles geht wie immer. Nachmittags hole ich mit den Hirten die Kühe. Elias schläft fast ein und lässt Andreas und mich die Tiere aus den Bergen zusammentreiben. Das gibt Ärger mit mir – ich bin sauer. Immer, wenn sie am Wochenende zuhause sind, wird die halbe Nacht Fernsehen geguckt. Montags fehlt dann der Schlaf, und ich muss es ausbügeln. Ich schimpfe mit Elias. Der reagiert stur, treibt die Kühe zum Rennen – auch die Trächtigen. Das macht mich noch saurer. Ich brülle ihn an und sage, wenn er nicht sofort vernünftig mit den Tieren umgeht, bleibt er am nächsten Wochenende auf der Alm.

Ich bin halt auch Kindermädchen und Erzieherin hier draußen.

Beim Spülen der Melkanlage entdecken die Kinder, dass man mit dem Putzwasser plantschen kann. Das wäre jetzt ihr Almschwimmbad, sagen sie.

So kann man auch mit kleinen Sachen Menschen eine Freude machen.

Dienstag, 15. August

Rinderdienst ist angesagt. Da auch die Burgers an der Kasermeder im Heu sind, gehen die Hirten nach getaner Arbeit zur Kasermeder rüber. Wir nutzen die Gelegenheit des schönen Wetters und gehen, statt zu kochen, zur Kaseralm, beim Gatterer vorbei über den Almweg 2.000. Heute ist viel los in den Bergen – an der Kaseralm ist auch alles voll. Es ist August, der Hauptferienmonat in Italien. Ach ja, heute ist auch noch Feiertag. Jede Menge italienische und deutsche Gäste. Trotzdem ergattern wir einen Tischplatz für uns vier Erwachsene. Die Kinder spielen noch am Wasser. Weder Sepp noch Maria haben viel Zeit zum Erzählen. Aber Sofie, die Enkeltochter von Sepp, elf Jahre, aus Bad Tölz, bedient uns und bleibt auch auf ein Schwätzchen stehen.

Wir genießen die Sonne und die Aussicht, bis es Zeit ist, zu den Kühen zu gehen. Lucie und Frank gehen über den Fahrweg zur Hütte. Atti, die Kinder und ich gehen über den Almweg 2.000 Richtung Grün Talele.

Quer über die steilen Almwiesen müssen die Tiere eingesammelt werden.

Wir sind relativ zeitig da und sammeln die Tiere langsam ein, obwohl Fabian heute Dienst hat. Aber der taucht bis zum Schluss nicht auf. Wir schicken seine Tiere zur Unterhabererhütte und ziehen mit unseren weiter. Die Hirten stoßen auch zu uns, und alle zusammen wandern wir zur Alm hinunter.

Mittwoch, 16. August

Heute Morgen ist Sabrina wieder früh fit und geht mit, die Kühe ins Grün Talele zu treiben.

Auf Höhe der Unterhabererhütte lädt sie zur Kekspause ein. Ganz stolz verteilt sie ihre Kekse, und die Hirten freuen sich sehr darüber. Ich staune immer wieder, wie fit Sabrina ist und wie toll sie besondere Situationen meistert.

Nachmittags ist dann mal Schwimmen für die gesamte Familie angesagt. Sie dürfen im Hotel Stoll das Schwimmbad benutzen. Anschließend wollen sie noch in Welsberg Schuhe kaufen.

Zurück kommen sie mit Urlaubseinkäufen in Form von Viehtransportern und Treckern mit Melkanlage als Spielzeug.

Ich gehe mit den Hirten die Kühe holen, und Elias hat heute seinen Einsatz ganz oben auf dem Berg. Da sind Andreas und ich uns einig.

Donnerstag, 17. August

Das Tagebuch verwaist, ich komme kaum dazu Eintragungen zu machen. Heute, nach dem Abendessen, gab es für die Hirten einen Schreck in der Abendstunde: Frank hatte sich direkt nach dem Essen zurückgezogen. Kurze Zeit später kommt Atti mit seiner Beinprothese in die Küche und trägt sie in die gute Stube. Da ist das Akkuladegerät, und an Franks Beinprothese muss die Elektronik geladen werden. Als Andreas das echt aussehende Bein in Attis Arm sieht, erschrickt er fürchterlich. Mit einer ausführlichen Erklärung können wir ihm den Schreck nehmen. Danach lachen wir herzlich gemeinsam über diese Situationskomik.

Freitag, 18. August

Abends, bei einer fröhlichen Spielerunde, geht plötzlich das Licht aus, der Solarakku ist leer. Das kommt eigentlich selten vor, denn außer am Esstisch spät abends brauchen wir möglichst keinen Strom. Aber ich vermute, die Aufladung von Franks Bein-Elektronik hat den Batterien den Rest gegeben, denn heute war ein bedeckter Tag, da konnte nicht viel geladen werden. Macht nichts, dann nehmen wir eben Kerzen und lachen schon wieder über die Szene von gestern.

Samstag, 19. August

Fürs Tagebuch habe ich kaum Zeit, aber die Geschichte rund um Franks Bein geht noch weiter.

Der Großvater war heute oben. Er fragt Frank nach seiner

Behinderung und ist erstaunt, dass Frank damit als Ingenieur arbeiten kann. Wieder einer, der große Augen macht.

Abends, auf dem Weg ins Tal, kommt Franz vorbei und fragt, ob alles mit dem Strom passen würde. Ich sage, dass normalerweise der Strom locker reichen würde, aber dass wir gestern im Dunkeln saßen, weil Franks Bein den Vorrat in der Akkuladung aufgebraucht hatte.

Er staunt nicht schlecht über die Möglichkeit der Bein-Elektronik, über Franks Beweglichkeit und was es alles so gibt.

Dass wir in den vergangenen zwei Tagen darüber so lachen mussten, kann er nicht gut verstehen. Er guckt etwas irritiert.

Eine Überraschung
für die Sennerin

Sonntag, 20. August

Heute mache ich alleine Kühedienst, die Hirten sind im Tal und haben frei. Es ist sehr anstrengend, die Herde läuft bei mir viel weiter auseinander als bei den Hirten. Trotzdem klappt alles, die Tiere sind gegen Mittag oben am Plateau, genau wie es sein soll.

Auf dem Rückweg treffe ich Atti beim Gatterer. Sie wartet auf mich und hat Neuigkeiten. In der Zwischenzeit sind vier fremde Rinder bei uns im Stall gewesen. Atti dachte, ich hätte sie verloren. Sie war auch schon beim Gostner, um nach dem Besitzer zu fragen, hat aber keinen angetroffen. Auch der Gatterer kannte die Tiere nicht. Abends erklärt Andreas uns, dass das die Tiere vom Kipfler, an der Kasermeder, waren. Er erkannte es an den Namen der Tiere, die sich Atti gemerkt hatte.

Mittlerweile sind sie weitergelaufen, sie ließen sich nicht aufhalten.

Frank und Lukas reisen heute ab, sie müssen wieder früher weg als die anderen. Dafür reisen abends mein Onkel Heinz und meine Tante Agnes mit Enkel Sverre (22 Jahre) sowie mein Vater Hans an, es ist sozusagen fliegender Wechsel.

Mittags bringt Atti ihre beiden »Männer« ins Tal. Nachmittags hilft sie mir, die Kühe zu holen, denn die Hirten sind noch nicht da. Lucie bleibt an der Hütte, weil sie die neuen Gäste erwarten will. Wir gehen alle davon aus, dass sie irgendwann am Nachmittag zu Fuß raufkommen.

Bei ziemlicher Hitze steigen wir zum Grün Talele auf. Plötzlich bricht ein Gewitter mit Hagelschlag und Regen los. Wir werden klatschnass, danach sah es, als wir loszogen, nicht aus. Auf dem Rückweg kommt die Sonne wieder raus, sie hat wieder viel Kraft, und als wir an der Alm ankommen, sind wir schon fast trocken.

Wir hocken alle zusammen bei Kaffee und Keksen in der Küche, bevor ich in den Stall gehe. Da klopft es an der Türe. Das tun nur Fremde. Und da sind die neuen Gäste. Es sind zwar keine Fremden, aber sie sind noch fremd, und deshalb haben sie geklopft. Hans und Sverre sind die Ersten – durchgeschwitzt und außer Atem, weil Hans ein so zügiges Tempo vorgelegt hat. Ich springe ins Auto, um Agnes und Heinz auch zu holen, treffe sie aber schon an der Gabelung, sie waren nicht viel langsamer.

Während in der Küche eine zünftige Marende zur Stärkung der Wanderer bereitet wird, ziehe ich mich zum Melken in den Stall zurück. Nun ist die Hütte wieder voll.

Heute Abend ist Pizza-Abend, und wir werden das Gepäck dann in zwei Touren hochholen. Als ich geduscht habe, fahren wir ins Tal zum Hotel Stoll. Hier gibt es wieder ein großes Hallo, denn auch diese Gäste sind hier wohlbekannt. Plötzlich kommt einer der Stoll-Söhne zu mir und sagt: »Telefon für dich.« Wer soll das sein? Es ist meine Tante Gisela, sie möchte hören, ob die Autofahrer gut angekommen sind.

Dann steht Hannes wieder neben mir und sagt: »Telefon, diesmal ist es dein Chef.«

Es ist tatsächlich Franz, der anbietet, dass Hans mit seinem Auto mit dem Gepäck hochfahren dürfe. Morgen früh sollen wir es dann wieder auf den Parkplatz im Tal abstellen. Wenn das für 9 Uhr klappt, könne der Fahrer mit Martina wieder hochkommen. Sollte es Schwierigkeiten geben, nähme er das auf seine Kappe. Vielen Dank, Chef.

Die Fahrt im Dunkeln ist für Hans schon sehr aufregend, denn es ist ja ein nicht befestigter Weg mit zwei Bachdurchfahrten. Oben angekommen, richten sich die Neuen häuslich ein. Ich trete mein Bett neben Lucie im Sennerinnenzimmer an Hans ab und ziehe ins Matratzenlager. Während unten noch gekramt und erzählt wird, darf ich schon schlafen gehen, denn mein Tag fängt wieder früh an. Schön, dass auch mein Vater die Alm jetzt kennenlernt. Über den Besuch von Agnes, Heinz und Sverre freue ich mich auch sehr.

Montag, 21. August

Die Hütte ist voll. Lucie und Hans schlafen im Sennerinnenzimmer, Heinz in der »Speiß« (Speisekammer), Agnes in der guten Stube, Sverre, Atti und die Kinder mit mir auf dem Speicher. Schnell finden sich die »Neuen« in den Tagesablauf ein.

Heinz macht den Stall sauber – da kann ich zusammen mit den Hirten losziehen. Lucie arbeitet Agnes ins Hüttenleben ein, und Hans geht, nachdem er einen Anfang im Holz gemacht hat, mit uns und den Tieren hoch.

Ich hatte ihm einen Brief geschrieben und von der Alm erzählt. Hier kämen die Rehe bis zur Hütte, Pilze gäbe es reichlich im Wald, und Holz hacken könne er hier ausgiebig. Das hat ihn dann doch hierher gelockt.

Schon an diesem Nachmittag gehen die Männer mit ins Heu; mal sehen, wie viel sie helfen können. Es muss mit der Sense gemäht werden. Die Frauen gehen mit uns die Kühe holen. Zum Abendessen sind alle wieder zusammen, und es gibt viel zu erzählen.

Als die Nacht langsam hereinbricht, geht Heinz auf den Balkon. Er kommt aber sofort wieder rein und sagt in beruhigendem Ton: »Die Riesen schlafen schon.« Wir gucken alle etwas irritiert. Welche Riesen meint er wohl? Zur Erklärung stellen wir uns alle auf den Balkon und schauen auf die gegenüberliegende Bergkette der Antholzer Berge. Und tatsächlich, wenn man die schwarze Bergkette gegen den Abendhimmel sieht, kann man darin Silhouetten von schlafenden Riesen erkennen.

Dienstag, 22. August

Die Hirten haben mir frei gegeben. Weil Lucie, Atti und die Kinder morgen abreisen, hüten die Hirten heute alleine, und ich kann einen Abschlussausflug mit Atti machen.

Die Kinder bleiben bei Lucie und Agnes an der Hütte. Die Männer sind wieder im Heu, diesmal im Tal. Ich möchte gerne wandern – am liebsten auf die Riepenspitze. Unterhalb der Spitze habe ich wochenlang gehockt und die Tiere gehütet und das Gipfelkreuz gesehen. Da möchte ich gerne mal hinauf. Also, Verpflegung einpacken und hinter den Hirten her in Richtung Riepenspitze. Es ist tolles Wetter, Sverre und Atti gehen mit. Wir wandern vorbei an unserer Herde, winken den Hirten zu und ziehen dem Gipfel entgegen.

Puh, ab dem Geröllfeld wird es steil. Trotz allen Trainings der vergangenen Wochen machen mir die Höhe und die Steile der Wand sehr zu schaffen. Die Markierung ist schlecht und verunsichert noch zusätzlich. Auf einem kleinen Vorsprung rasten wir, und ich denke über Umdrehen nach. Laut sage ich aber nichts. Die beiden anderen haben auch ihre Schwierigkeiten, das merke ich, aber ich dachte, ich wäre trainiert und mir passiere das nicht.

Unter uns, im Tal, sehen wir einen Mann und ein Kind den Weg hinaufkommen. Das können nur Einheimische sein, bei dem Tempo, mit dem sie immer näher kommen. Bewundernswert! Sie kommen zügig voran, verschwinden aus meiner Sicht, und plötzlich zeigt sich ein Männerkopf vor meinem Vorsprung. Eine bekannte Stimme sagt: »Ruth, wir haben dich tatsächlich gefunden!« Ich kann es kaum glauben, Erwin und seine Enkelin Magdalena (zwölf Jahre) sind das. Erwin kennen wir schon sehr lange, er wohnt im Tal und hat schon viele Wanderungen als Wanderführer mit uns gemacht. Er wollte mich auf der Alm besuchen und hat sich ausgerechnet heute mit seiner Enkelin zu mir auf den Weg gemacht. Beim Gatterer hat er nach meiner Hütte gefragt. Peter hat ihm erklärt, dass meine Hütte weiter unten liegt, ich aber mit der Herde den Berg hinaufgezogen bin. Bei der Herde haben die Hirten ihm dann erklärt, dass ich frei habe und zur Riepenspitze unterwegs bin, und da hat er Magdalena angetrieben, um uns zu folgen. Das ist eine Freude, dass sie uns eingeholt haben.

Vom Umdrehen ist keine Rede mehr! Gemeinsam ersteigen wir die letzten Höhenmeter und werden auf dem Gipfel mit einer herrlichen Aussicht bei absolut klarem Wetter belohnt. Wir sehen die Dolomiten mit den drei Zinnen und der Marmolata, die Antholzer Berge und können bis zu den österreichischen Bergketten schauen. Alle Bergspitzen mit ihren Namen kann Erwin uns erklären. Und da ein Gipfel *kein* Gipfel ist, wie er sagt, ersteigen wir gleich noch die Kaserspitze, sehr schmal und klein.

Dann wandern wir auf der anderen Seite bergab in Richtung Schwarzen See, an Wollgraswiesen und Geröll vorbei, immer quer und nur bedingt auf einem Weg. Erwin ist ein toller Führer, mit ihm fühlen wir uns sicher. Wir wandern übers Pfoi-Joch zur Pfoi-Alm, treffen auf den Almweg 2.000 und wandern dann an der Kaseralm vorbei Richtung Stumpfalm. Erwin will alles über mein Sennerinnenleben wissen, wir sprechen über die Natur, die Berge, die europäische Almpolitik und vieles mehr. Im Laufe des Gespräches fragt er mich auch, ob ich ins Tal zum Gottesdienst ginge. Als ich das verneine, erklärt er mir, ich sei auch davon befreit, denn als Sennerin ließe die tägliche Arbeit gar nicht zu, dass man sich auf ins Tal mache.

Als wir wieder an meiner Hütte ankommen, gibt es ein großes Hallo, denn die Daheimgebliebenen wussten ja noch nichts von meinem Besuch.

Bis die Hirten mit den Tieren kommen, bleibt noch Zeit für eine ausgiebige Marende. Franz und Martina sind auch da, und es ist sehr gemütlich. Beim Abschiednehmen bemerke ich, dass Magdalena keine Lust hat, noch zu Fuß ins Tal zu wandern. Sie hat für heute genug. Ich frage Franz, ob er sie mit ins Tal nehmen könne. Der Mähtruck wird zum Almtaxi umfunktioniert, und Erwin und Magdalena treten den Heimweg an.

Das war ein toller Tag, so hätte man ihn nie planen können.

Mittwoch, 23. August

Für die Rinder ändert sich heute der Standort. Sie müssen zur Kasermeder heruntergetrieben werden, da die Heuernte dort beendet ist. Die letzte Mahd übernehmen jetzt die Tiere.

Franz hat Heinz gebeten, einen kleinen Futtertrog zu bauen, den er an der Kasermeder stehen lassen kann, und Heinz macht sich sofort an die Arbeit. Das ist hier oben auch eine besondere Herausforderung. Denn es gibt keinen Strom, und alle Arbeiten müssen mit der Hand erledigt werden, Maschinen können nicht zum Einsatz kommen. Hans geht mit Franz, um einen Zaun mit Strom an der Kasermeder herzurichten, denn die Weiden sind zu nah an den Almen, um die Tiere so laufen zu lassen. Die Hirten ziehen los und sammeln die Tiere ein.

Wir, die restlichen Hüttenbewohner, kehren heute beim Gatterer ein. Er ist mein direkter Nachbar und heißt richtig Peter Selbenbacher. Aber im Gsieser Tal werden alle Bauern nach ihren Hofnamen benannt. Die Familiennamen kommen häufig mehrmals vor, und da kann es schnell zu Verwechslungen kommen. Peter betreibt eine Gaststube auf seiner Alm, und die Nachbarschaft muss schließlich gepflegt werden. Nach dem Essen reisen Lucie, Atti und die Kinder ab – schade, dass die Zeit vorbei ist, ich bringe sie ins Tal.

Zur Marende sind alle »Arbeiter« wieder an der Hütte. Heinz hat die Zentrifuge in der Milchküche entdeckt, und wir lassen uns von Franz ihre Funktion erklären. Heinz ist ein Fachmann in der Milchverarbeitung. Früher als Kind hat er sich als Melker bei den Bauern ein Taschengeld verdient und auch die Weiterverarbeitung von Milch erlebt und mitgemacht. Nach dem Melken »treiben« wir zum ersten Mal die Milch ab. Eine schweißtreibende Arbeit, die Zentrifuge ist handbetrieben und muss gekurbelt werden. Es entstehen Sahne und Magermilch. Die Sahne sammeln wir. Auf dem Speicher haben wir ein Butterfass gefunden, das wollen wir ausprobieren. Die Magermilch sammeln wir auch, morgen mache ich davon Käse – toll, mit Hans und Heinz diese Arbeit zu lernen. Außerdem haben die beiden Kraft genug, die Zentrifuge und das Butterfass zu bedienen. Ich kann es auch, aber mir tun so schon oft genug nach getaner Arbeit Arme und Beine weh – obwohl ich merke, wie ich allmählich durch das tägliche Training immer stärker werde.

Donnerstag, 24. August

Franz und Martina kommen hoch, da ist immer Zeit für ein Schwätzchen. Franz bringt eine Fuhre Holz mit, das zu Brennholz für die Hütte verarbeitet werden soll. Da freut sich der Hans. Das ist eines seiner liebsten Hobbys: Holz zerkleinern und hacken. Er fängt sofort damit an. Die anderen Versprechen, die ich ihm im Einladungsbrief geschrieben habe, sind leider noch nicht erfüllt. Die Rehe tauchen nicht mehr auf, seitdem sie wissen, dass auf der Hütte zwei Jäger, Hans und Heinz, sind. Pilze hat der Hans bisher auch noch nicht gefunden, aber das kann ja noch werden. Martina lädt alle für Sonntag zum Grillen ein, sie würde alles mit hochbringen, wir brauchen nichts dafür zu machen.

Freitag, 25. August

Heinz hat angefangen, ein Hüttenschild mit dem Namen zu schnitzen. Die Hirten bringen die Kühe alleine bis zum Gatterer, gehen anschließend nach den Rindern gucken, und ich kann heute mal das Käsemachen versuchen. Zu meiner Unterstützung macht Hans den Stall sauber. Am Vormittag, beim Spaziergang quer durch den Wald, findet er endlich auch Steinpilze, wenn das kein Glücksfall ist.

Heute Morgen haben wir auch die Zentrifuge wieder benutzt, aber sie funktioniert nicht besonders. Es läuft immer Milch daneben. Wir finden kein passendes Werkzeug für eine Reparatur. Da müssen wir Franz mal fragen.

Die Sahne sammle ich weiter, die Magermilch nehme ich mit in die Küche, sie wird heute zu Käse verarbeitet.

Käse machen ist spannend und verlangt präzises Arbeiten.

Käsesieb, -tücher, -thermometer sind vorhanden, Franz hat in den vergangenen Jahren auch immer mal wieder Käse gemacht. Milch erwärmen, Lab einrühren, die Milch gerinnt. Nach einiger Zeit den Bruch schneiden, die Molke abschöpfen, den Bruch in die Käseform füllen und langsam pressen, wenden, in Salzwasser tauchen und so weiter. Ich halte mich genau an die Anleitung und hoffe, dass der Käse was wird. Käseherstellung braucht Zeit und Ruhe. Ich kann die Hütte nicht verlassen. Also nutze ich die Pausen zum Stricken, Erzählen, Spielen und zwischendurch ist der nächste Schritt der Käseverarbeitung dran.

Samstag, 26. August

Der Käse ist zur Reifung in den Kühlkeller gewandert. Heute ist das Buttern dran. Das Butterfass ist gewässert, es kann losgehen. Ich dachte immer, Buttern geht zack, zack. Aber es ist Schwerstarbeit, den Stampfer hoch und runter zu bewegen.

Morgens beim Aufstehen ist es jetzt immer höchstens +1 bis +4° C, meistens aber drunter – es geht auf den Herbst zu.

Vormittags fahren Sverre, Agnes und ich nach St. Martin einkaufen und zum Verkehrsverein. Wir kaufen gefrorene Kräuter ein, für Kräuterbutter. Nachmittags backe ich mit Agnes einen Hefezopf. Das ist gar nicht so einfach im Holzbackofen, aber er gelingt. Wir stellen einen Kessel Milch für Quark am Herd zurecht. Endlich habe ich Zeit und Unterstützung, die Milchverarbeitung auszuprobieren, eine Sennerin mit jahrzehntelanger Erfahrung schafft solche Arbeiten nebenher, mir fehlt noch die Erfahrung.

Abends fährt Elias mit ins Tal, Andreas bleibt bei uns und genießt das sturmfreie Hirtenzimmer.

Sonntag, 27. August

Die Kuh Elke hat einen kranken Fuß und bleibt im Stall. Elias macht Rinderdienst, Andreas und ich wandern mit den Kühen. Als wir zur Hütte zurückkommen, glüht die Kohle im Grill, und Martina wirbelt in der Küche. Es gibt Fleisch und Zucchini gegrillt, Kartoffelsalat, Möhrensalat, Tomatensalat mit Mozzarella und Limonade. Agnes macht noch Kräuterbutter von der eigenen Butter. Zuerst sitzen wir draußen. Als es anfängt zu regnen, geht es schnell in die Küche. Zum Nachtisch gibt es Tiramisu. Martina hat einen schweren Kopf, sie hat gestern etwas zu viel gefeiert. In der Mittagspause schläft sie ein wenig auf dem Bett der Hirten. Für den Kaffee hat Martina Käsesahnekuchen mitgebracht. Befreundete Gäste sind aus dem Tal hoch zur Alm gewandert und trinken mit uns Kaffee. Es wird wieder mal viel erzählt.

Abends stellen wir den Handyempfang auf die Probe, Hans möchte mit Lucie telefonieren. Jetzt haben wir ausnahmsweise Empfang, aber Lucie ist nicht zuhause.

Wo die Riesen schlafen gehen

Montag, 28. August

Die Kuh Ilona leistet Elke Gesellschaft, auch sie hat einen kranken Fuß. Heinz und Hans haben heute einen Arbeitstag rund um die Hütte. Sie reparieren das Gatter und den Zaun und räumen die Holzvorräte auf.

Die Kuhweide ist jetzt im Wald, direkt neben der Alm vom Gatterer. Das ist für uns nicht so weit. Wir treiben die Tiere hoch, schließen den Zaun und haben frei. Denkste! Es dauert nicht lange, da sind die Kühe wieder da. Der Zaun war wohl nicht dicht. Also, Tiere wieder hoch und den Zaun nachgeschaut. Als alles gerichtet ist, können wir wieder gehen.

Als im Nachmittag Franz hochkommt, fragt er, wo wir die Tiere zurzeit hätten. Ich sage ihm, dass sie beim Gatterer im Waldteil seien. Das kann er sich gar nicht vorstellen, dass der Gatterer erlaubt, dass unsere Tiere auf seinem Land weiden dürfen. Der Peter hat es aber erlaubt. In diesem Jahr klappt die Zusammenarbeit zwischen unseren beiden Almen so gut, dass auch solche Zugeständnisse möglich sind. Franz ist ganz erstaunt und freut sich darüber, denn das war in den letzten Jahren nicht immer so. Ich denke, ich gehe ohne Vorurteile und alte Ärgernisse an die Zusammenarbeit ran, und dadurch ist die Stimmung sehr freundschaftlich.

Abends benutzen wir die Zentrifuge noch einmal. Aber es schlabbert sehr viel Milch daneben. Irgendetwas stimmt da nicht. Der Quark ist gelungen und kann verzehrt werden.

Nach dem Melken hole ich neue Gäste aus dem Tal. Pit und Gabi reisen an, mit viel Gepäck und viel Verpflegung von zuhause. Schön, dass sie da sind.

Sie ziehen mit aufs Matratzenlager und richten sich häuslich ein.

Dienstag, 29. August

Pit und Gabi leben sich ein und verstehen sich auf Anhieb gut mit der Hüttenbelegschaft. Alle helfen beim Holzmachen, die Motorsäge ist wieder fit, Pit ist ganz in seinem Element. Ich bin immer wieder erstaunt, wie schnell alle »Neuen« in den Alltag finden.

Nachmittags begleiten Pit und Gabi mich zu den Rindern. Agnes fühlt sich für Herd und Küche zuständig und ist der gute Geist der Hütte.

Abends ist immer Zeit zu spielen und zu erzählen. Für Andreas und Elias sind die wechselnden Gäste eine Bereicherung und bringen neue Erfahrungen mit.

Mittwoch, 30. August

Heute ist Ausflugstag für meine Gäste. Agnes, Sverre, Pit und Gabi fahren nach Innichen zur Schaukäserei. Die Männer wollen lieber Holz machen und das Gatter fertig reparieren. Außerdem schnitzt Heinz ja noch am Hüttenschild.

Nachmittags ist Stick- und Strickzeit, wir Frauen hocken zusammen.

Zum Abendessen gibt es eingelegte Heringe und Pellkartoffeln aus dem eigenen Garten, Pit und Gabi haben diese Köstlichkeiten mitgebracht. Wir lassen es uns alle schmecken.

Donnerstag, 31. August

Elias ist heute der Wanderführer und führt Agnes, Sverre, Pit und Gabi aufs Kalksteinjöchl. Mit Verpflegung im Rucksack und unseren guten Wünschen machen sie sich auf den Weg. Andreas und ich sind für die Kühe zuständig. Wir treiben sie in ein neues Gebiet, nämlich zur Schafriedl. Das Gebiet kenne ich noch nicht. Zur Hütte können wir mittags erst spät. Die Tiere legen sich einfach nicht zum Wiederkäuen hin. Und solange die halbe Herde noch steht, ist die Gefahr groß, dass sie sich auf und davon machen. Die Zeit vertreiben wir uns mit der Suche nach Pilzen und Waldbeeren. Als Nächstes schließen wir Wetten ab, welche Kuh sich als Erste legt, welche als zweite und so weiter. So vergeht die Zeit, und als viele liegen, können wir zur Hütte hinaufgehen.

Freitag, 1. September

Im Tal hat die zweite Heuernte angefangen. Hans und Heinz fahren ins Tal, um beim Heumachen zu helfen. Ich bringe mit Andreas die Tiere zur Schafriedl. Hier treffen wir Onkel Martin, der Schabs (Kleinholz und Astholz gebündelt als kleine Portion für den Kachelofen) für den Winter herstellt. Viele Häuser im Tal haben einen Kachelofen, mit dem die gute Stube und die angrenzenden Zimmer geheizt werden.

Elias geht zur Kasermeder, um die Rinder zu zählen. Alles ist dort in Ordnung.

Abends ist wieder Pizza-Essen bei Stoll angesagt. Die freuen sich immer, wenn wir kommen. Mit meinem täglichen Energieverbrauch kann ich essen wie ein Scheunendrescher ... meine Pizza, die Reste der anderen und noch einen Eisbecher. Ich brauche diese Kalorien, denn an der Kleidung spüre ich, dass ich abgenommen habe. Ich fühle mich nie überfressen.

Samstag, 2. September

Die Hirten sind gestern Abend im Tal geblieben und haben heute frei. Pit und Gabi haben sich aufgemacht zu einer Wanderung um den Pragserwildsee. Ich bringe die Kühe zur Schafriedl und komme da beim Hüten mal wieder zum Briefeschreiben. Die Kühe legen sich zur Mittagszeit hin, also kann ich zur Hütte. Erst was essen und dann zur Kasermeder, Rinder zählen. Sverre geht mit, es ist mir eine große Hilfe, nicht alleine zu sein, wenn ich zwei Herden betreuen muss.

Bis zur Kipfleralm fahren wir mit dem Auto, dann geht's zu Fuß weiter. An der Weide angekommen, sind weit und breit keine Rinder zu sehen. Wir steigen bis zu den Steilhängen auf, aber hier gibt es nicht mal frische Kuhflatten. Auch auf den Nachbarweiden sind keine Tiere zu sehen. Mittlerweile ist es 16 Uhr, ich muss zurück, die Kühe holen.

Ich telefoniere mit Martina und schildere ihr meine Sorgen. Sie kann mir aber auch nicht weiterhelfen. Als ich die Kühe holen gehe, kommen diese mir schon auf halber Strecke entgegen. Sie haben einen festen Rhythmus, auch ohne Uhr, und wissen, wann es Zeit ist, Richtung Stall zu gehen.

Zügig treibe ich sie in den Stall, versorge sie und mache mich mit Pit, Hans und Sverre noch mal auf die Suche. Auf der Peatleralm ist die Bäuerin eingetroffen. Sie meint, unten im Tal sind mehr Tiere als sonst auf den Weiden. Also fahren wir ins Tal. Tatsächlich, an der Starthütte der Rodelbahn stehen neben den üblichen Tieren auch unsere Tiere. Ich rufe sie – sie reagieren auch und lassen sich von den anderen trennen.

Darüber kommen auch die Burgers aus dem Tal angefahren, sie sind auf dem Weg nach oben. Alle helfen mit, unsere Tiere einzusammeln und auf den Weg nach oben zu treiben. Ich fahre mit Martina schon vor, denn die Kühe müssen auch noch gemolken werden. In der Zeit richten Martina und Agnes ein schönes Festmahl.

Die Rinder kommen oben an und werden im Stall versorgt. Nee, was für ein Tag! Wie sind sie nur da runtergekommen? Nach getaner Arbeit essen und feiern wir. Heinz hat das Hüttenschild fertig. Sverre hat ein Gedicht geschrieben, über das Almleben und die schlafenden Riesen, und Agnes überreicht mir ein Dankeschön-Buch. Feierlich unterschreiben wir alle hinten auf dem Schild – dann hängen wir es draußen über der Hüttentür auf. Mit Schnaps und Sprüchen wird der Tag beendet. Martina und Franz schlafen heute auch oben. Immer wieder hält das Almleben Überraschungen und Abenteuer bereit.

Wo die Riesen schlafen gehen

Wo Sterne hoch am Himmel blitzen
Hört man kein Husten und kein Nießen
Doch sieht man sie auf Berges Spitzen
Denn hoch im Berg schlafen die Riesen

Bedeckt von Schnee und Himmelszelt
So ruhig, als herrschte Frieden
So schlafen sie fernab der Welt
Auf Gipfeln sie meist liegen

In dieser Welt von einer Hütte
Kann man sie stets betrachten
Doch liegt's uns fern nach ihrem Glücke
Und ihrer Ruh zu trachten

Auf dieser Hütte in stiller Ruh
Die Ruth sich einst befand
Sie bracht' ihr Alpenleben zu
Im schönen Riesenland

Besuch im Riesenland ward gern gesehen
Gastfreundschaft ist unübertroffen
So ließ man uns beim Riesen-Sehn
Auf schönste Tage hoffen

Aus Aachen war'n wir angereist
Der Hans, der Heinz, Agnes und ich
Zu sehn manch Riesen und auch Berges Geist
Und enttäuscht wurden wir nicht

Zum Dank reichen wir der Ruth die Hand
Die gern mit uns verweilte
Und droben hoch im Riesenland
Mit uns ihr Glücke teilte.

Sonntag, 3. September

Ab heute gehen alle Tiere zur Kasermeder. Abends werden dann nur die Kühe zum Melken geholt. Der Zaun muss weiter gesetzt werden, dafür sind Franz und die Männer zuständig. Martina, die Hirten und ich treiben die Tiere langsam rüber. Beim Treiben stellen wir fest, dass Elena und Nur ochsig sind. Ich sondere sie aus und will sie zur Hütte zurücktreiben, damit der Tierarzt sie besamen kann. Dieses Experiment gelingt mir aber nicht, auch nicht unter Aufbringung aller Kräfte. Sie hauen immer wieder ab und wollen zur Herde zurück. Irgendwann lasse ich sie laufen, ich habe einfach keine Chance.

An der Hütte warten Hans, Heinz, Agnes und Sverre schon, weil ich sie heute ins Tal bringe und mich von ihnen verabschieden muss. Alle sind sehr traurig. Eine wunderschöne Zeit ist vorbei. Gott sei Dank sind Pit und Gabi noch da.

Nachmittags sammelt Elias die beiden Ausreißerinnen ein, auch für ihn wird das Ganze zum Kraftakt. Andreas und ich gehen die Kühe zum Melken holen und müssen den Rest vom Zaun fertigsetzen.

Montag, 4. September

Vormittags hat Andreas einen Arzttermin und geht ins Tal. Er muss zum Allergietest wegen seiner Insektenstichallergie. Elias und ich bringen die Kühe zur Kasermeder und schauen nach, ob dort alles in Ordnung ist. Nur und Elena bleiben heute im Stall, der Tierarzt kommt. Auf der Kasermeder, bei den Tieren, gibt es wieder eine Überraschung. Die Eibe hat gekalbt. Es ist ein kleines Stierkalb und wohlauf. Wie bekommen wir die nach Hause? Wir lassen die beiden bei den anderen Tieren und gehen zur Alm zurück. Ich telefoniere mit Franz, dass wir Hilfe brauchen. Franz kommt hoch und fährt mit Elias zur Kasermeder. In der Zeit bereite ich das Mittagessen zu.

Als ich aus dem Fenster schaue, kommt eine Nonne auf die Alm zu. Sie begrüßt mich und stellt sich als Schwester vom Großvater vor. Ach ja, eine Klosterfrau wurde in Erzählungen auch schon mal erwähnt. Wir setzen uns in die Sonne und halten ein Schwätzchen, weil wir auf Elias und Franz mit dem Essen warten wollen. Irgendwann fangen wir dann doch schon mal mit dem Essen an, denn von Franz und Elias ist noch nichts zu sehen.

Gegen 16 Uhr kommen die beiden mit Kuh und Kalb. Das Kalb in einer Kiste im Mähtruck, die Kuh zu Fuß dahinter. Der Mähtruck hat einige Blessuren, und Franz ist am Ende seiner Kräfte. Es war wohl ein harter Kampf, Eibe dazu zu bewegen, mit ihrem Kalb in Richtung Stall zu kommen.

Das sind so Einsätze, die können auch mal richtig gefährlich werden, denn eine Mutterkuh hat starke Kräfte und will ihr Kalb verteidigen. Die beiden essen auch noch, und dann muss Franz wieder ins Tal.

Zur Abendmelkzeit kommt der Großvater mit dem Motorroller hoch und holt die Klosterfrau wieder ab.

Dienstag, 5. September

Andreas ist wieder da. Franz und Martina kommen zum Mähen, denn die zweite Mahd an der Alm ist fällig. Nachdem ich die Kühe zur Kasermeder gebracht habe, bin ich an der Hütte geblieben. Elias ist heute wieder Wanderführer und wandert mit Pit und Gabi zur Uwaldalm.

Unser Lieblingsspiel abends ist jetzt Stadt-Land-Fluss, mit den zusätzlichen Almregeln: Maschinen aus der Landwirtschaft, Tiere vom Bauernhof, landwirtschaftliche Markenprodukte.

Mittwoch, 6. September

Pit und Gabi wandern heute zum Schwarzsee. Das Wetter ist seit einigen Tagen schön warm und sonnig. Ich helfe den Bauern im Heu. Andreas und Elias bleiben an der Hütte und bereiten eine tolle Marende für uns vor. Durch die Arbeit im Heu wird es spät, bis wir die Tiere holen. Pit und Gabi kommen müde, aber begeistert zurück. Trotz des späten Feierabends lassen wir uns die Spielerunde zum Abschluss nicht nehmen.

Donnerstag, 7. September

Morgens bringen die Hirten und ich die Tiere zur Kasermeder. Bei den Rindern ist alles in Ordnung, wir können wieder gehen. Pit und Gabi machen einen Hüttentag. Weil wir früh zurück sind, habe ich mal wieder Zeit, Briefe zu schreiben. Nachmittags kann ich an der Hütte bleiben, Pit und Gabi begleiten den Elias dabei, die Kühe zur Hütte zu holen. Ich backe einen Hefezopf, Andreas ruht sich aus.

Aber auch der heutige Tag hält wieder eine Überraschung bereit: Iris hat auf der Wiese gekalbt. Pit und der Nachbarbauer, der war zufällig an seiner Hütte, haben dann das Kalb in der Schubkarre zur Nachbaralm transportiert. Elias hat geholfen, und Gabi hat die Mutterkuh hinterhergetrieben.

Kuh und Kalb können über Nacht beim Nachbarn im Stall bleiben.

Wir telefonieren mit Martina und sagen Bescheid. Als ich mit dem Melken fast fertig bin, kommt Franz mit dem Mähtruck und einer Kiste für das Kalb. Die Hirten und Franz holen dann doch Mutter und Kalb in unseren Stall.

Freitag, 8. September

Morgens sehe ich, dass Kalb und Kuh wohlauf sind. Da nur die Milchkühe im Stall sind, kann das Kalb frei laufen, denn es ist genug Platz im Stall, um auszuweichen. Das Kälbchen versucht bei India zu saufen und bekommt einen Tritt. Na ja, so lernt man fürs Leben. Ich zeige ihm, wo die richtige Futterquelle ist, Iris ist schon ganz nervös.

Die Jungs haben heute ihren letzten Tag hier oben. Am Montag fängt die Schule wieder an. Das Wochenende haben sie dann noch zur Vorbereitung.

Pit, Gabi und wir kehren mittags an der Kaseralm ein. Großes Hallo für Sepp und Maria – sie freuen sich, uns zu sehen. Auf den Almen wird es wieder ruhiger, die Hauptferienzeit ist vorbei, und nun ist auch wieder Zeit für ein Schwätzchen. Sepp will wissen, wie ich zu Familie Burger gekommen bin. Ich erzähle ihm die ganze Geschichte, und auch, dass ich nicht jedes Jahr kommen kann. Auch er und Maria haben schon gedacht, jetzt haben Burgers eine gute Sennerin für die nächsten Jahre gefunden. Maria ruft uns in die Küche, wir sollen uns zu ihr setzen.

Ich bestelle mir einen Drei-Käsesorten-Teller, alle von ihr selbst gemacht.

Wir fachsimpeln ein bisschen über die Käserei. Auch Maria, sie ist seit 44 Jahren Sennerin, hat immer mal wieder Käse, der nicht gelingt.

»Das ist ganz normal und hängt auch mit dem Mond zusammen«, sagt sie.

Na ja, dann bin ich ja auch in dieser Hinsicht eine ganz gute Sennerin.

Als wir gerade aufbrechen wollen, kommt Martina mit ihren Eltern herein. Maria, Sepp und Martinas Mutter sind Geschwister, die Freude ist groß. Martina wollte ihren Eltern mal die deutsche Sennerin vorstellen. Außerdem stand seit langer Zeit mal wieder ein Besuch auf der Kaseralm an, denn hier war ihre Mutter schon seit zwei Jahren nicht mehr.

Wir rücken zusammen auf der Eckbank, ein Schnaps für jeden, dann wird erzählt und erzählt. Aber im Dialekt, den ich bei dem Tempo nicht mehr verstehe.

Dann gibt's noch eine sehr amüsante Geschichte. Martina erzählt, dass Franz schon einen Schreck in der Morgenstunde hatte:

Am Vormittag haben Andreas und ich Hochdeutsch und Dialekt geübt. Die Vokabeln und einzelne Sätze haben wir dafür aufgeschrieben. Als es Zeit wurde, zur Kaseralm aufzubrechen, haben wir alles stehen und liegen lassen, denn nachmittags wollten wir weitermachen.

In der Zwischenzeit ist Franz hochgekommen, um Kuh und Kalb abzuholen. Als er in die Küche kam, sah er den Zettel auf dem Tisch liegen und las den letzten Satz: Meine Hirten sind heute mit den Tieren im Grün Talele, darunter das Ganze in Dialekt. Er guckte ganz erstaunt und sagte zu Martina: »Madonna, was machen die denn da oben? Was haben die sich denn dabei gedacht, spinnen die?« Martina schaute sich den Zettel gründlich an und erkannte dann, dass das keine Nachricht war. Da war Franz wieder beruhigt.

Nein, wie witzig, wir halten uns den Bauch vor Lachen, die Geschichte ist ja zu schön.

Im Stillen denke ich mir, ob Franz uns solche Ideen zutraut, sonst hätte er doch stutzig werden müssen und gemerkt, dass das keine Nachricht war. Er war halt im Stress und hat nicht weiter nachgedacht.

Elias bleibt noch bei Martina an der Kaseralm, wir anderen wandern zurück zur Hütte. Bevor wir aufbrechen müssen, um die Kühe zu holen, ist noch etwas Zeit. Also lernt Andreas von mir Gebärdensprache und von Gabi Spanisch und Französisch. Es ist ein richtiger Bildungsnachmittag, als Einstimmung auf die Schule, die ja am Montag wieder anfängt.

Pünktlich gehen wir die Kühe holen, dabei sehen wir tatsächlich oben eine Gemse, die erste für mich. Martina war in der Zwischenzeit an der Hütte und hat alle Sachen der Jungs zusammengepackt. Ein Teil steht in meinem Auto, weil ihres schon voll war. Elias ist schon mit ins Tal zum Duschen gefahren. Andreas duscht in der Hütte, während ich melke. Danach bin ich dran, und dann fahren wir auch ins Tal zum Abschluss-Pizza-Essen, diesmal im Sportcafé Magdalena.

Auch hier ist die Pizza sehr lecker. Andreas zeigt seinen Eltern, was er von mir in der Gebärdensprache gelernt hat. Franz ist ganz erstaunt, dass ich das kann. Ich erzähle ihnen, dass ich zuhause von meinem Almaufenthalt berichten werde, sicher auch im Gehörlosenzentrum. Ich werde anderen den Besuch der Alm schon schmackhaft machen. «Oh«, sagt Franz, »was kommt da in Zukunft noch alles auf uns zu.«

Burgers gehen fest davon aus, dass ich meine Zukunft so plane, dass ich ein paar Jahre Sennerin bleibe.

Aber, soll ich das? Geht das mit Bernd und unseren Söhnen? Den ganzen Sommer nicht in der Eifel, möchte ich das? Angebote, Arbeit, Gäste gäbe es sicher genug um davon leben zu können, aber möchte ich diese Arbeit wirklich ein paar Jahre machen?

Ich muss noch viel darüber nachdenken.

Es ist ein schöner Abend zum Abschluss der Hirtenzeit. Pit, Gabi und ich fahren ohne Hirten den Berg hinauf zur Hütte. Ab sofort muss ich mit dem Treiben alleine zurechtkommen.

Jetzt muss es ohne Hirten gehen

Samstag, 9. September

Die beiden Kühe treibe ich heute alleine zur Kasermeder. Da sie den Weg kennen und ich mittlerweile Routine habe, ist das kein Problem.

Pit und Gabi wollen heute im Tal einkaufen und den Talblickweg von St. Magdalena nach St. Martin und zurück wandern. Sie fahren mit dem Auto ins Tal.

Abends wollen wir gemeinsam kochen.

Als ich von den Tieren zurückkomme (dort oben werden langsam Wasser und Futter knapp), sehe ich, dass Franz am Hang mäht.

Ich denke, dass er gerne etwas zu Mittag hätte, also koche ich und mache mir kein Müsli, wie ich es vorhatte.

Auf dem Tisch steht schon ein Glas Brathering. Ich vermute, Pit und Gabi hatten Franz gesehen und ahnten, dass ich kochen muss. Also mache ich Bratkartoffeln und Krautsalat dazu und winke die Wiese hinauf, das Essen wäre fertig. Als mir das Warten auf Franz zu lange dauert, fange ich an zu essen, denn Franz macht auch keinerlei Anstalten, das Mähen zu unterbrechen. Irgendwann höre ich, dass er fertig ist.

Er kommt in die Küche und sagt, dass er nichts isst, weil ja gleich Hochzeit ist, wo er spielen muss, und da gibt es auch was zu essen. Na ja, da habe ich eben für mich alleine lecker gekocht.

Nachmittags hole ich die Kühe allein wieder zurück. Die Kuh Else, »Freundin« von der Kuh Nora, schließt sich uns wie selbstverständlich an und marschiert vorneweg Richtung Hütte. Eigentlich kann sie auf der Weide bleiben, denn sie ist trocken gestellt und muss nicht gemolken werden. Okay, ich nehme sie mit. Sie kann nicht gut ohne Nora sein. Vielleicht kalbt sie aber auch bald und will im Stall sein, ich weiß es nicht genau.

Pit und Gabi sind wieder da und es hat ihnen gut gefallen auf ihrer Wanderung.

Die Hochzeitsmusik kann man bis hier oben hören. Ich merke, so alleine hier oben werden die Tage viel ruhiger.

Mittags meinte Franz noch: »Am morgigen Sonntag kommen alle Burgers hoch, und wir bringen die Tiere von der Kasermeder rüber zur Almhütte. Am Montag geht's dann in die Pfoi.« Dann ist wieder alles anders.

Sonntag, 10. September

Else bleibt im Stall, die zwei anderen bringe ich rüber. Über Nacht ist der Wassertrog an der Kasermeder wieder voll Wasser gelaufen.

Pit und Gabi treffe ich unterwegs, sie gehen ein bisschen wandern. Ich gehe zur Hütte und setze Käse an. Außerdem möchte ich noch andere Rezepte ausprobieren. Zu Mittag soll es Laugenbrezeln, Weißwürste und Salat geben. Die Laugenbrezeln backe ich schon mal. Kommen Burgers ins Heu? Bringt Martina Essen mit? Kommen sie zum Kaffee? Es kommt keiner.

Abends holen wir die Kühe in den Stall; die anderen Tiere bleiben da, denn ich weiß nicht, ob Martina und Franz den Zaun in der Pfoi fertig gesetzt haben und ob die Tiere morgen rüberkommen, bei mir hat sich keiner gemeldet.

Der Käse klappt gut.

Zum Tagesabschluss telefoniere ich mit Bernd und erfahre,

dass meine Freundin Eva mich doch nicht übernächste Woche besuchen kommt. Susanne, meinen neuen Gast, hole ich um 20 Uhr im Tal ab. Sie möchte bis Donnerstag bleiben und bezieht die Speiß. Tja, so wie es aussieht, wenn Eva nicht kommt, dann bin ich wohl eine ganze Woche alleine hier oben. Mal sehen, wie das wird.

Montag, 11. September

Zum Frühstück treffen wir uns alle, und Susanne geht mit mir zur Kasermeder, die Kühe auf die Weide bringen und die Rinder zählen. Alle Tiere sind da.

Pit und Gabi wollen noch mal zum Kalksteinjöchle und von allem Abschied nehmen. Obwohl Gabi am Donnerstag schon von Abreise am Wochenende sprach, sind sie dann doch noch länger geblieben. Ich fand es wunderschön, dass sie da waren. Nachmittags gehen sie auch noch mit ins Heu. Ich bin immer wieder stolz auf meine Gäste, wie sie doch mit anpacken und unterstützen.

Als ich auf dem Weg bin, um die Kühe zu holen, treffe ich Susanne, die am Steinriedl auf der Bank auf mich wartet. Sie weiß, dass ich um die Uhrzeit da vorbeikomme, und wollte mich beim Heimtreiben der Tiere unterstützen. Auf der Kasermeder ist wieder kein Wasser. Das Bächlein führt nur noch ganz wenig Wasser, und dann läuft nichts in den Schlauch zum Trog. Wir müssen den Schlauch tiefer legen und einen kleinen Staudamm bauen. Wasser ist lebenswichtig für die Tiere.

Der Gatterer lädt uns beim Abtrieb abends auf einen Preiselbeersaft ein. Er ist ganz dankbar, dass ich ihm seine Tiere auch immer mitgebracht habe von der Weide, so konnte er seine Gäste bedienen und hatte weniger Arbeit.

Dienstag, 12. September

Heute reisen Pit und Gabi ab. Sie bringen ihr Gepäck mit dem Auto runter, kommen dann mit dem Auto wieder hoch. Ich beeile mich, die Kühe zur Kasermeder zu bringen, dann kann ich sie ins Tal fahren. Aber als ich zurückkomme, steht mein Auto wieder an der Hütte, und sie sind zu Fuß runtergegangen. Franz kommt um die Ecke gefahren und sagt, er habe Pit getroffen, wie er wieder auf dem Weg ins Tal war.

Auf ihren Betten liegt ein lieber Gruß an mich, ich muss eine kleine Träne verdrücken.

Susanne hat sich zur Riepenspitze und zum Schwarzsee auf den Weg gemacht. Ich koche, und Franz isst mit.

Wir erzählen über die Pfoi, die ich als nächste Weide mit den Tieren besuche, die Nachbarn dort und das Dorfleben im Tal im Allgemeinen.

Nachmittags kommen noch Marianne (eine Tante von Franz) und der Großvater ins Heu, ich helfe auch mit.

Franz fragt, ob ich heute Nachmittag alle Tiere alleine von der Kasermeder holen kann. Eigentlich wollten wir das zusammen mit der ganzen Familie machen, aber das Heu muss auch fertig werden, und aus dem Tal kann keiner dafür hochkommen. Mir rutscht das Herz in die Hose, ich alleine, mit allen Tieren, aber natürlich sage ich ja.

Susanne treffe ich auf dem Rückweg von ihrer Wanderung, und sie begleitet mich. Alle Tiere sind da, Peters Tiere kommen auch den Hang runter, dann kann es ja losgehen. Ganz langsam treiben wir alle Tiere von der Weide Richtung Weg. An einer Stelle ist mittlerweile ein Stromzaun hoch über den Weg gespannt, man kann aber drunter hergehen. Die Kühe gehen seelenruhig weiter, sie kennen den Weg. Aber für die Rinder ist dieser Zaun neu. Sie weigern sich drunter herzugehen, obwohl er in drei Metern Höhe angebracht ist. Daran sehe ich, wie gut die Tiere diese Abzäunungen, die Strom führen könnten, kennen. Es braucht schon einige Durchsetzungskraft, die Rinder den Weg entlang darunter herzutreiben. Danach laufen sie gezielt zur Hütte, es klappt hervorragend.

Susanne macht mir ein Kompliment, mit welcher Ruhe und Sicherheit ich die große Herde getrieben habe. Gelernt ist gelernt, und das macht schließlich auch eine gute Sennerin aus.

Mittwoch, 13. September

Alle Tiere im Stall, das heißt, morgens einen völlig verdreckten Stall vorzufinden. Na klar, wenn alle wieder da sind.

Für 9 Uhr hat Franz sich angekündigt, um mit mir die Tiere zur Pfoi zu treiben. Da ich den Weg nicht kenne, muss er mir helfen. Ich lasse schon mal die Kälber auf die Hauswiese, da steht Franz auch schon in der Stalltür. Er ist zu Fuß von der Pfoi rübergekommen, einen Fahrweg gibt es nicht bis hierher. Aber sein Auto hat er dort stehen. Martina ist auch dort. Sie setzt schon mal den Zaun, denn die Wiesen, die noch mal gemäht werden, müssen vor den Tieren geschützt werden.

Als wir von der Hütte losgehen, sagt Franz, ich solle an einer bestimmten Stelle am Weg stehen. Er treibt die Tiere langsam auf mich zu. Kurz bevor sie mich erreichen hebt Nora, die Leitkuh, den Kopf, sieht, dass ich den Weg absperre, und biegt sofort in den Wald ab. Meine Sperre des gewohnten Weges war für sie das Zeichen, jetzt geht es Richtung Pfoi, also ab in den Wald. Als wir in der Pfoi mit der Herde ankommen und die Tiere anfangen zu weiden, setzen wir den Zaun zusammen fertig auf, und ich lerne diese Alm und ihre Weidegebiete kennen. Susanne kommt auch rüber. Zur Mittagszeit legen sich die Tiere. Wir können uns für kurze Zeit aus dem Staub machen und wandern zur Uwaldalm.

Hier essen wir Kaiserschmarren. Ich lerne den Hirten und Melker kennen und unterhalte mich mit ihm über das Almleben, die Hirten im Allgemeinen und die Burger-Jungs im Besonderen. Auch die Sennerin kommt dazu. Sie freut sich, mich kennenzulernen, und bewundert meinen Mut als Fremde, Deutsche, diese Arbeit hier zu machen, mich auf dieses Leben hier einzulassen.

Als ich erzähle, dass ich mich sehr wohlfühle und meine Hirten und ich auch mal freie Tage hatten, reagiert sie mit Unverständnis: Was hätten Hirten freie Tage zu haben, ich setzte ihnen nur Flausen in den Kopf.

So wird das Leben der Hirten hier gesehen. Dabei sind es doch ihre Ferien, die sie auf der Alm verbringen.

Wir verabschieden uns von den Bewohnern der Uwaldalm, denn wir müssen zurück zu den Tieren.

Das Zurücktreiben nachmittags, zusammen mit Susanne, klappt gut. An der entscheidenden Kreuzung steht auch der Großvater und hilft, dass Sennerin und Tiere den richtigen Rückweg finden. Er hilft uns auch beim Einstieg in den Wald. Denn, wenn ich hinten treibe, ist es schwierig, die Tiere vorne an der richtigen Stelle querfeldein in den Wald zu treiben. So kommen wir wieder sicher oben an.

Abends essen Susanne und ich Reste und erzählen viel über das harte Leben der Kleinbauern und ihrer Hirten hier in den Bergen.

Donnerstag, 14. September

Heute Morgen reist Susanne ab. Wir hatten gedacht, Else hätte vielleicht noch gekalbt, aber das erlebt sie nicht mehr.

Franz kommt – ich frage ihn, wann ich den Stall sauber machen soll, wenn die Tiere auf der Pfoi nicht alleine bleiben sollen. Er meint, alle raus in den Hof, dann Stall reinigen, und dann geht es los.

Die Tiere wissen, wo es langgeht, aber ich bin froh, dass Franz noch mal dabei ist.

Er fragt mich nach der Abrechnung für meine Arbeit auf der Alm. Ich sage ihm, ich hätte gerne zwanzig Euro am Tag, das sei der Preis, den wir Ostern vereinbart hätten. Ich glaube, damit kann er leben.

Ich erzähle ihm von der Begegnung auf der Uwaldalm. »Tja«, sagt er, »die gönnen mir nicht, dass es so gut klappt. Erst waren sie kritisch, weil ich das Experiment mit der deutschen Sennerin wage, die ich nicht kenne und von der es nur die Zeitungsanzeige gibt, und jetzt zerreißen sie sich, weil es klappt.«

Auf der Pfoi treffen wir auch den Großvater. Der nimmt ab hier das Zepter in die Hand, und Franz geht zurück.

In einem Punkt muss ich dem Großvater recht geben: Für mich wäre es einfacher gewesen, erst die Pfoi mit den Hirten zusammen zu hüten und dann die Kasermeder alleine, wenn die Hirten wieder ins Tal sind. Aber Tradition ist Tradition.

Nachmittags, beim Heimziehen mit den Tieren, bin ich alleine, an den schwierigen Stellen kein Großvater, kein Franz. Aber ich merke, auf Nora kann ich mich verlassen. Sie übernimmt den Job als Leitkuh und geht vorne. An der entscheidenden Kreuzung geradeaus, und die Stelle, wo es in den Wald geht, findet sie auch problemlos. Super, Nora, du bist eine tolle Leitkuh.

Als wir im Stall ankommen, merke ich, dass ich völlig ausgehungert bin. Die Brotzeit, die ich mit hatte, war wohl zu klein. Ich versorge die Tiere mit allem, was sie brauchen. Aber bevor ich melke, muss ich erst was essen. Ich mache mir einen Kakao und esse eine ganze Tafel Schokolade, die Gute aus Aachen, die einer meiner Gäste mir mitgebracht hatte. Danach geht es mir besser, und ich kann den Abendverpflichtungen mit Ruhe nachkommen. Nach getaner Arbeit schließe ich Stalltüre und Hüttentüre und habe die Hütte für mich alleine.

Ich koche mir etwas Leckeres aus Zucchini, Kartoffeln, Speck und Ei, überbacke das Ganze mit Käse und genieße die Ruhe. Mit einem heißen Tee setze ich mich auf den Balkon. Der Blick ins Tal beim Dunkelwerden ist schon beeindruckend. Langsam gehen unten im Dorf die Lichter an. Nebelschwaden ziehen die Berge hinauf, Ruhe legt sich über das Tal. Die ersten Rehe kommen aus dem Wald auf die Wiese. Hans und Heinz hätten ihre Freude.

In der Zeit, in der sie hier waren, hat sich kein Reh blicken lassen. Die haben wohl geahnt, dass passionierte Jäger auf der Hütte sind. Ich warte bis zur Dämmerung und genieße die Silhouette der schlafenden Riesen. Dann gehe ich rein. Abends ist es jetzt empfindlich kühl. Aber in meinem Herd brennt das Feuer, und für eine Stunde sitze ich noch in der gemütlichen Küche, stricke und hänge meinen Gedanken nach.

Die Sennerin macht Urlaub

Freitag, 15. September

Else ist sehr unruhig, als ich morgens in den Stall komme. An ihrem Platz ist auch sehr viel Schleim. Ich vermute, die Fruchtblase ist geplatzt.

Während ich Nora und India melke, steht sie auf, legt sich hin, steht wieder auf und ist sehr mit sich beschäftigt. Ich rede ihr gut zu und beruhige mich damit selber, denn ich werde langsam nervös: Was ist, wenn es Schwierigkeiten gibt? Bisher haben alle Geburten von selber geklappt, ich war aber auch nie so unmittelbar dabei. Was ist, wenn es diesmal nicht glatt läuft, merke ich das? Kann ich dann richtig helfen? Also rede und rede ich uns beiden Beruhigung zu. Sie legt sich wieder hin, und tatsächlich presst sie. Eine Klaue ist schon zu sehen.

Ich telefoniere mit Burgers. Franz will hochkommen, sobald er kann. Ich melke weiter und beobachte Else. Da sie schon eine erfahrene Kuh ist, brauche ich nicht nervös zu sein, das sage ich mir und werde langsam ruhiger. Ist das spannend, eine Kälbergeburt von Anfang an zu sehen. Ein paar Mal Pressen und das Kalb liegt im Stroh. Else steht sofort auf, kann sich aber nicht zum Kalb umdrehen, weil sie angekettet ist. Ich reibe das Kalb trocken und ziehe, schiebe, trage es in einen Verschlag im Stall. Beruhigend rede ich auf das kleine strubbelige Tier ein. Es kann nicht bei der Mutter bleiben. Es ist zu eng im Stall, wenn alle Tiere hier sind. Wenn es versucht aufzustehen und zwischen die Beine der anderen Rinder kommt, würden sie es zertrampeln. Es ist ein Stierkalb und hat eine rote Nase. Also nenne ich es Rudolf. Franz kommt. Er ist froh, dass es auch diesmal wieder gut geklappt hat. Wir treiben die Tiere in den Hof. Dann kann ich Else los machen und Rudolf zu ihr lassen.

Während ich frühstücke, geht Franz mit den Kühen los. Aus dem Fenster beobachte ich, wie er am Waldrand entlangläuft und sich auf einen Stock stützt. Ich mache die Hütte fertig und folge ihm. Er hat sich den Fuß verletzt und kann kaum noch gehen. Ich laufe den Berg hinauf zurück zur Hütte, hole Franz' Auto, fahre ins Tal und an der anderen Seite wieder hinauf und bin auf der Pfoi, als Franz mit den Tieren dort auch humpelnd ankommt. Er hat starke Schmerzen und wird zum Arzt müssen. Hoffentlich ist nichts gebrochen. Ich treibe die Tiere zur Weide und mache es mir mit Buch und Strickzeug unter einer Lärche gemütlich. Es fängt an zu regnen, und ich bin froh, einen großen Schirm als Regendach zu haben. Um 16 Uhr treten wir den Heimweg an. Als die Hütte in Sicht kommt, höre ich Else laut im Stall brüllen. Sie hat Sehnsucht nach Nora und der Herde. Da hilft auch der Nachwuchs nicht drüber hinweg. Kühe sind eben Herdentiere und nicht gerne alleine.

Das Kalb muss wieder in den Verschlag, damit es vor den Hufen der anderen sicher ist. Ich leiste Schwerstarbeit, denn die gemurmelten Argumente interessieren Rudolf nicht.

Nach getaner Arbeit im Stall dusche ich und mache mir Abendessen. Da zeigt das Handy, dass eine SMS gekommen ist. Ich bekomme das Angebot, bei Burgers zu baden, zu essen und zu schlafen. Dafür ist es jetzt aber zu spät, ich habe es mir schon gemütlich gemacht. Ich genieße das Alleinsein. Martina hat immer Sorgen, allein könnte mir die Decke auf den Kopf fallen.

Aber das ist nicht so, im Gegenteil, ich komme sehr gut mit mir alleine zurecht.

Samstag, 16. September

Der morgendliche Tagesablauf ist ziemlich anstrengend, da ich ja allein bin: Melken, alle mit Kraftfutter versorgen, selber frühstücken, Hüttenkälber auf die Wiese, alle Tiere raus, Rudolf zur Else, den Stall sauber machen, alles gut verschließen, damit Rudolf nichts passiert.

Das Telefon klingelt. Franz fragt, ob mit dem Kalb alles in Ordnung ist. Außerdem kündigt er an, dass wir heute Abend Pizza essen gehen, und ich abends runterkommen soll.

Um 9 Uhr ziehe ich dann mit den Tieren los. Der Opa ist mit seinem Roller unterwegs und hilft mir an der schwierigen Stelle, die aber mittlerweile sehr gut alleine klappt.

Als ich mit den Tieren auf der Pfoi ankomme, fällt mir ein, dass ich vergessen habe, Else mit Heu zu versorgen. Ich treibe die Tiere so weit, dass sie im Hang stehen. Den Großvater sehe ich auch wieder, er ist jetzt mit dem Heulader unterwegs, um Heu ins Tal zu holen. Schnell sause ich zurück zur Hütte, versorge Else mit Heu und schaue ob mit dem Kalb auch alles in Ordnung ist.

Nach gut einer Stunde bin ich wieder in der Pfoi. Die Tiere sind an der Tränke, alles sieht friedlich aus.

Mann, so alleine den ganzen Tag bei den Tieren, da kann einem die Zeit schon lang werden! Und das machen die Hirten jeden Sommer, jeden Tag, manchmal ab dem sechsten, siebten Lebensjahr.

Da wir heute Pizza essen wollen, gehe ich gegen 16 Uhr mit den Tieren zurück. Es soll ja nicht zu spät werden.

Ich frage unten nach, ob ich die Else melken soll. Franz meint, ich solle es versuchen – es geht auch ganz gut. Die Milch muss ich leider wegtun, denn die sogenannte Biestmilch darf nicht mit in die Kanne. Für das Kalb brauche ich sie nicht, das hat den ganzen Tag saufen können.

Duschen, umziehen und nichts wie runter ins Tal.

Unten empfängt mich der Großvater und schimpft. Die Tiere wären über der Grenze gewesen. Ich dürfte nicht weggehen. Ich erkläre, dass ich Else vergessen hätte. Da meint er, es sei alles zu viel für die Sennerin, Else und das Kalb sollen runter.

Der Großvater hatte die Tiere auf der verkehrten Weide gesehen, als er mit dem Heulader zurückkam. Er hat sie zurückgetrieben. Deshalb sah für mich, als ich wieder da war, alles ganz in Ordnung aus.

Franz hat Krücken und darf nicht auftreten – er kann gar nichts mehr tun.

Er möchte Else und ihr Kalb oben im Stall auf der Alm lassen, weil unten im Moment wenig Platz ist, der Stall wird geweißelt. Das erklärt er mir beim Pizza-Essen. Ich käme doch auch gut zurecht, und für ihn ist ist einfacher, als wenn die beiden noch mit unten im Stall stehen. Martina muss ja jetzt die Stallarbeit machen. Ich finde es schön, dass Else und Rudolf an der Hütte bleiben.

Die Jungs wollen am morgigen Sonntag mit mir hüten und freuen sich schon, dass sie wieder mit hochfahren. Ich freue mich auch, dass sie noch mal da sind. Sie fahren im Dunkeln wieder mit mir den Berg hinauf.

Sonntag, 17. September

Lustig geht's schon beim Frühstück zu, denn die Jungs sind ja mit am Tisch. Elias hilft mir anschließend auch beim Ausmisten. Mit Andreas versuche ich, Rudolf beizubringen, auch mal eine andere Zitze zum Saufen zu nehmen. Der kapiert das aber nicht. Irgendwann wechselt er von selber.

Ach ist das nett, die beiden beim Treiben dabei zu haben. Es gibt viel zu erzählen. Andreas will noch mehr Gebärdensprache lernen. Elias will wissen, wie die Tage gelaufen sind, wo ich alleine hüten musste.

Die Jungs haben mit Martina abgemacht: Wenn es regnet, holt Martina sie um 16 Uhr in der Pfoi ab. Ich schlage ihr per SMS vor, die Milch und die Jungen um 19 Uhr runterzubringen. Da lädt sie mich unten zum Essen ein. Gemeinsam mit den Jungen sind wir viel früher an der Hütte und können noch eine Kniffelrunde spielen. Dann muss ich in den Stall.

Unten im Tal zeigt Elias mir mal alle Hoftiere. Ich treffe Emilie, das erste Kalb, das auf der Alm geboren wurde, wieder. Auch Insl und das junge Stierkalb, das auf der Wiese geboren wurde, stehen hier unten im Stall. Vier Kälber sind dieses Jahr auf »meiner« Alm geboren worden. Alles ist immer gut gegangen.

Martina hat sehr köstlich gekocht. Für sie hat eine besonders anstrengende Zeit begonnen. Sie hat wieder angefangen, bis nachmittags im Hotel zu arbeiten. Zusätzlich muss sie ja jetzt auch noch den Stall versorgen – die Ärmste. Franz weiß auch noch nicht, wie das werden soll, wenn ich ab Mittwoch eine Woche nach Hause fahre. Er kann ja gar nichts tun.

Ich biete ihm an, früher zurückzukommen. Aber ich möchte so gerne nach Hause fahren. Mein Schwiegervater wird siebzig Jahre, und bei diesem Fest zuhause zu sein ist mir wichtig.

Sie planen im Moment, die Milchkühe runterzuholen. Die Rinder bleiben dann noch oben, die kann der Großvater versorgen. Aber wer hütet sie? Und den Almabtrieb können wir wahrscheinlich auch nicht mitmachen – Elias schimpft und ist enttäuscht. Ich finde es auch schade, sage aber nichts, denn die Situation ist schwierig genug.

Abends telefoniere ich mit Bernd – was habe ich eine Sehnsucht nach ihm! Er erzählt mir, dass er am 27. September, mitkommt und Christian, unser Jüngster, wahrscheinlich auch. Außerdem will ein ehemaliger Arbeitskollege von Bernd mit seiner Frau kommen, die kenne ich noch gar nicht. Heiner und Britta mit zwei Kindern und meine Schwester Birgit, ihr Mann Carsten und die drei Kinder haben sich für die Zeit nach meinem Urlaub angemeldet. Lucie und Hans planen auch, noch mal zu kommen. Oh Gott, wo schlafen die alle? Und dann soll es keinen Almabtrieb geben?

Ich bin mal gespannt, wie alles wird. Übermorgen soll ich jedenfalls wieder zum Essen runterkommen. Da wollen wir dann alles besprechen.

Montag, 18. September

Heute bin ich schon viel gelassener mit meiner alleinigen Verantwortung für Hütte und Tiere – ich lasse die Tiere raus, mache den Stall in Ruhe fertig und versorge Else und Rudolf. Die Kühe bleiben einfach im Hof stehen und warten auf mich. An der schwierigen Stelle kommt der Großvater wieder angefahren. Danach bin ich wieder alleine. Aber ich habe ja meine Lektüre: Hape Kerkelings Bericht über seinen Pilgerweg nach Santiago de Compostela. Der ist an manchen Stellen zum Totlachen, und dann lache ich laut. Zur Abwechslung krame ich das Strickzeug raus. Die Zeit vergeht schnell. Im Stillen muss ich immer wieder an zuhause denken, ich freue mich, dass ich am Mittwoch mal zurückfahre.

Drei Monate sind schon eine lange Zeit.

Soll ich noch einmal als Sennerin gehen? Soll ich es bei einem Jahr belassen?

Franz will schon eine Stromleitung hier hochlegen lassen, damit Bernd hier arbeiten kann. Aber den ganzen Sommer meinen Gatten nicht sehen? Über mehrere Jahre? Was machen Christian und Benni in der Zeit?

Ich könnte heulen und tue es auch ein bisschen; ich weiß nicht, was ich machen soll. Und keiner kann mir bei der Entscheidung helfen. Ich glaube, ich habe Abschiedsschmerz. Es war ein spannender, lehrreicher, toller, aufregender, anstrengender, intensiver Sommer. Aber wie geht es weiter?

Dienstag, 19. September

Ganz alleine bin ich auf der Alm. Alleine aufstehen, alleine melken, alleine frühstücken, alleine in die Pfoi. Immer wieder wird mir das bewusst, aber es macht mir Spaß, mal mit mir alleine zu sein, nur, die Arbeit ist viel anstrengender.

Der Weg klappt gut. Die Tiere sind brav. Ich genieße das Alleinsein im Wald. Der Großvater taucht auch nicht mehr auf, scheinbar habe ich genug geübt. Am Ziel suche ich mir, den Kühen folgend, immer wieder eine neue Raststelle.

Das Buch ist einfach toll geschrieben, und ich lerne schon einiges über den Jakobsweg. Trotzdem ist die Zeit schon lang. Heute Abend bin ich wieder für 19 Uhr bei Burgers zum Essen eingeladen. Dann soll besprochen werden, wie es weitergeht. Ich darf die Tiere also nicht zu spät zurücktreiben, sonst schaffe ich es nicht.

Als ich auf dem Heimweg unten an der Gostnerwiese ankomme, wird mir klar, alles ist anders. Aus dem Stall kommt kein Gebrüll. Auch als wir den Berg höher steigen, hört man keine Kuh brüllen.

Mir zieht sich das Herz zusammen. Da haben sie also Else und Rudolf schon abgeholt. Dann holen sie sicher morgen die anderen Tiere auch runter, mit Franz' Fußverletzung ist die Alm einfach nicht zu führen in der Zeit, wo ich nicht da bin.

Ich heule und heule. Ich bin so traurig, weil jetzt alles vorbei sein soll. Weil meine Familie und die Gäste, die nach meinem Urlaub kommen, nicht mitbekommen, wie das Almleben in seiner ganzen Art ist. Weil mir die Trennung schwerfällt. Ich kann mich kaum beruhigen – soll das der Abschluss der Almzeit sein? Als ich meine Arbeit fertig habe und umgezogen bin, fahre ich ins Tal.

Hoffentlich sieht keiner, dass ich verheult bin.

Martina empfängt mich wie immer. Ich erzähle, dass ich die Else vermisst habe beim Heimkommen. Sie erzählt mir, das habe der Großvater heimlich gemacht. Die Kuh hat er einfach in den Stall gestellt. Sie habe alle Tiere gemolken und aus Versehen Else auch. Jetzt ist die Kälbermilch weg und Martina stinksauer.

Franz will die Kühe morgen in der Pfoi hüten und auch den Almbetrieb in meiner freien Woche übernehmen. Es geht also doch noch weiter nach meinem Urlaub.

Aber wie soll das gehen, mit seinem Fuß? Er fragt mich, ob ich die Tiere für ihn vor meiner Abfahrt noch in die Pfoi treiben könne. Das tue ich natürlich. Er wird die Woche auf der Alm bleiben, damit alles normal weiterläuft.

Mittwoch, 20. September

Ich stehe auf wie immer. Packen brauche ich nicht, denn ich nehme den Koffer einfach so mit, wie er ist.

Stallarbeit, melken, Hütte aufräumen. Als ich die Tiere gerade vom Hof in Richtung Pfoi treiben will, steht der Großvater da, nimmt sich einen Stock und zieht mit den Tieren ab. Welche Tiere gemolken werden, will er noch wissen, dann ist er weg.

Ich mache den Stall sauber, packe meine sieben Sachen, räume die Hütte fertig auf und fahre gegen 9.30 Uhr in Richtung Heimat.

Ich habe eine Woche Urlaub!

Die Heimfahrt ist anstrengend, aber mit lauter Musik und kurzen Pausen bin ich um 20.30 Uhr zuhause in Rott. Ich mache eine Stippvisite bei meiner Schwester Birgit, die heute Geburtstag hat. Hier treffe ich auch schon Bernd. Gemeinsam verlassen wir bald das Fest und fahren nach Hause. Ich freue mich, meine Jungs wiederzusehen, es wird eine stürmische Begrüßung. Benni wundert sich, dass ich nicht »zugewachsen« sei, Männern wäre in der Zeit ein langer Bart gewachsen.

Donnerstag, 21. September

Mein Onkel Heinz feiert heute Geburtstag. Während des Festes erzähle ich viel von der Alm (Heinz kennt ja das Leben auf der Alm, weil er selber da war) und verschenke den selbstgemachten Käse. Er schmeckt allen wunderbar.

Freitag, 22. September

Heute feiert mein Schwiegervater seinen siebzigsten Geburtstag – eine große Feier, die auch der Anlass war, nach Hause zu fahren.

Benni hat für den Abend »Wer wird Millionär?« vorbereitet. Ich erzähle auch hier von meinem Leben auf der Alm – alle sind sehr beeindruckt.

Es ist eine gemütliche Geburtstagsfeier. Ich bekomme ein Kompliment nach dem anderen – ich habe innerhalb der Monate zehn Kilo abgenommen. Obwohl ich so viel gegessen habe wie noch nie, die Arbeit und das Leben in den Bergen verbrauchen viel Energie.

Samstag, 23. September

Lucie hat Geburtstag, und es sind im Laufe des Tages wieder sehr viele Gäste da.

Lucie bekommt von mir auch einen Käse, und alle sind ganz begeistert von meinen Schilderungen.

Abschied

Donnerstag, 28 September

Ich habe super geschlafen – um 6.15 Uhr schellt der Wecker. Bernd bleibt noch etwas liegen.

Jetzt fängt eine neue Zeit an. Alle Tiere bleiben an der Hütte, sie weiden hier die Wiesen jetzt noch ab. Der Stall sieht furchtbar aus. Das frische, nährstoffreiche Gras führt bei den Tieren zu starkem Durchfall. Der ist für die Tiere nicht schlimm, aber für die Sennerin unangenehm.

Bernd und ich treiben nach dem Frühstück die Tiere durch den Wald runter auf die Weide. Der Großvater kommt, und Bernd hilft ihm, den Zaun oben an der Heuschupfe zu richten – dort bleiben die Rinder ab morgen für die letzten Almwochen, auch über Nacht.

Als ich mit dem Stall fertig bin, ist Bernd auch entlassen, und wir fahren einkaufen. Den Großvater sehen wir noch, die Badewanne den Berg runter hinter sich herziehen, die wird für das Wasser gebraucht. Trotz des nahrhaften Grases ist Saufen für die Tiere wichtig.

Als wir vom Einkaufen zurückkommen, wandern wir zum Peter hoch. Hier essen wir heute zu Mittag: Kaiserschmarren und Preiselbeeren, mein Lieblingsgericht hier oben. Danach wandern wir über den Almweg und die Kipfleralm, die Sologge und den Pervasan zurück zur Hütte.

Wir haben noch Zeit für einen gemütlichen Tee vor der Hütte, bevor ich die Tiere holen muss und die Stallarbeit beginnt.

Bernd kocht: Bratkartoffeln mit Tomaten und Käse. Sehr köstlich. Der Abend gehört uns, und weil es ein sehr milder Tag war, können wir noch auf dem Balkon sitzen und ins Tal schauen. Es wird jetzt schon früher dunkel, und so genießen wir die schlafenden Riesen, wie sie auf ihren Bergspitzen liegen, und die erwachenden Lichter unten im Tal, die zu uns heraufscheinen. Lange können wir noch draußen bleiben unter dem beeindruckenden Sternenhimmel. Hier kommt der Kopf zur Ruhe, und man kann die Seele baumeln lassen.

Freitag, 29. September

Nach getaner Morgenarbeit machen wir einen Wanderausflug zur Kaseralm. Es ist noch mächtig was los, aber wir finden einen Platz an einem Tisch und bestellen Kaiserschmarren und Käseteller. Barcelona und Maria freuen sich, wie immer, dass ich komme.

Einer meiner Nachbarbauern sitzt auch da – wir kommen kurz ins Gespräch über das Almleben und meine Zeit hier. Dann fragt er mich, warum ich nicht jede Menge Käse gemacht habe, zum Mitnehmen. Er denkt wohl, ich hätte die Burgers ein bisschen mehr ausnehmen können. Da hört man die Stimmung untereinander wieder mal raus.

Es ist nicht immer einfach, mit den Einheimischen ins Gespräch zu kommen, denn ich bin kein Tourist, aber auch keine Einheimische.

Bernd und ich wandern über die Pfoi zurück. Ich zeige ihm alle wichtigen Hütestellen und erzähle die kleinen Geschichten dazu. Der Herbst ist eingezogen, die Blätter verfärben sich überall, und die Beeren der Ebereschen sind rot. Abschiedsstimmung macht sich bei mir breit.

Samstag, 30. September

Großreinemachen in der Hütte, die neuen Gäste kommen bald. Bernd und ich beziehen jetzt das Hirtenzimmer, die Hirten haben das so bestimmt. Dann können Bernds Arbeitskollege und seine Frau ins Sennerinnenzimmer. Birgit und ihre Familie werden mit unserem Sohn Christian auf dem Dachboden wohnen. Das heißt: Überall Fenster putzen, den Boden aufwischen – alles schön machen für den neuen Besuch. Dazwischen genießen wir einen gemütlichen Tee vor der Hütte und die traute Zweisamkeit.

Ab 14 Uhr wollten die Ersten im Tal sein. Und tatsächlich, um 14 Uhr kommt die Nachricht, der Arbeitskollege, seine Frau und Christian, der mit ihnen gefahren ist, sind im Tal. Ich fahre sie holen. Ich bin mal gespannt, wie die neue Zeit jetzt werden wird. Das Ehepaar kenne ich noch nicht, sie heißen Werner und Sigrid und bringen auch ihren Hund mit, der ist noch sehr jung und aufgeregt. Und Christian mit seinen 16 Jahren, wird er sich hier wohlfühlen?

Abends kommt dann auch die Nachricht, dass meine Verwandtschaft im Tal angekommen ist. Sie haben eine lange Fahrt hinter sich. Um das ganze Gepäck und fünf Leute hinauf zu bekommen, muss ich zweimal fahren. Mit Birgit und Carsten sind jetzt Meike (14 Jahre), Lisa (zwölf Jahre) und Birte (zehn Jahre) auf meiner Alm angekommen.

In der gesamten Hütte werden Betten bezogen, Platz für Gepäck gesucht, Besichtigungstouren gestartet und erst einmal alles auf den Kopf gestellt, bevor alles seinen Platz findet.

Beim Abendessen und beim anschließenden Zusammenhocken ist die Stimmung lustig, und alle sind guter Dinge.

Als ich in meinem Bett liege, denke ich noch einmal über den Tag nach und hoffe, dass alle sich wohlfühlen und gut schlafen.

Die Geräuschkulisse aus dem Stall ist in der ersten Nacht immer sehr gewöhnungsbedürftig. Vor allem für die, die auf dem Speicher schlafen. Ketten rasseln, Glocken bimmeln und Klopfgeräusche wechseln sich ab, oder man hört sie sogar gleichzeitig. Wenn ich versuche, die Glocken mit etwas Heu auszustopfen, damit sie Ruhe geben, dauert es nicht lange, das Heu fällt raus, und das leise Bimmeln ist wieder da. Denn die Kühe kauen auch nachts wieder, und dabei bewegen sie leicht ihren Kopf.

Sonntag, 1. Oktober

Als ich in den Stall gehe, ist noch Ruhe im Haus. Werner geht mit Hund Lino vor die Tür, und Bernd will den Ofen anmachen und Frühstück vorbereiten.

Ich komme mit frisch gemolkener Milch nach getaner Arbeit wieder hoch. Alle sind fit und haben gut geschlafen. Carsten, Bernd, Werner und Lino helfen mir morgens beim Umsetzen des Weidezauns. Ich stehe oben an der Hütte und dirigiere. Unten am anderen Ende der Wiese arbeiten die Männer nach meinen Anweisungen. Tja, so ist es, die Sennerin hat das Sagen auf der Hütte. Birte bringt die Hauskälber auf die Weide. Dass sie dabei noch im Schlafanzug ist, spielt für sie keine Rolle. Birgit hat Pflaumen von zuhause mitgebracht. Die setzten wir im Kessel auf den Herd auf und machen Pflaumenmus.

Dann ist Wandern angesagt. Ich soll allen zeigen, wo ich die Wochen und Monate verbracht habe. Vom Pervasan über den Steinriedl zu den Drei Trögele. Am Wasser wird rumgealbert, die Stimmung ist toll. Dann geht es unterhalb der Riepenspitze wieder Richtung Almhütte.

Hier stellen wir die Lebensmittel, die da sind und die mitgebracht wurden, zu einem leckeren Menü zusammen. Schon bald spüren alle, wir passen gut zusammen. Nachmittags ist Zeit für eine Spielrunde und zum Erzählen.

Als es Zeit wird, die Tiere einzutreiben, helfen die Mädels mit, toll, dass ich solche Hilfe habe.

Montag, 2. Oktober

Ich setze wieder mal einen Käse an, mal sehen, ob der noch was wird. Da nur noch zwei Kühe gemolken werden und wir auch viel Milch trinken, bringe ich keine Milch mehr ins Tal, sondern verarbeite sie hier oben.

In der Küche spielt sich das meiste Leben ab. Malen, Stricken, Lesen, Spielen, jeder ist beschäftigt.

Dann ist es Zeit, noch mehr Gäste aus dem Tal hochzuholen. Das Handy hat gemeldet, dass Heiner, Britta und die Kinder im Tal angekommen sind. Sie haben Luna, ihren Hund, dabei. Willkommen in meiner Hütte.

Heiner und Severin (zehn Jahre) richten sich häuslich in der Speiß ein. Britta und Madita (acht Jahre) passen noch mit auf den Dachboden. Luna schläft draußen. Alle haben einen Platz, wir können den Tag planen. Damit wir nicht kochen müssen, machen wir einen Ausflug zur Kaseralm. Hier hängt ein Schild: Wegen Trauerfall ist geschlossen. Maria kommt gerade zur Tür heraus und ist völlig aufgelöst. Ihre Nachbarin im Tal (54 Jahre) ist plötzlich bei einer Wanderung zusammengebrochen und gestorben. Barcelona ist mit den Tieren schon ins Tal. Sie müssen als Nachbarn jetzt auf dem betroffenen Hof helfen. Maria wollte sich gerade auf den Weg ins Tal machen. Wenn wir aber jetzt da sind, will sie nicht, dass wir gehen, und bittet uns alle in die Küche. Sie verpflegt uns alle mit Kaiserschmarren, Jausenteller, Apfelstrudel und Suppe.

Plötzlich sitzen draußen auch viele Gäste. Maria versucht, auch sie zu bedienen. Ich mische mich mit ins Geschäft und bringe Getränke und Essen nach draußen, rechne ab und tue mein Bestes, damit Maria nicht so viel Arbeit hat.

Als alle Gäste wieder weg sind, bedankt sie sich überschwänglich bei mir. Für mich war das Nachbarschaftshilfe und selbstverständlich.

Unser Rückweg führt uns über die Pfoi-Alm – quer durchs Gelände, so, wie mein Hüteweg auch war. So können alle erleben, wie steil die Hüteweiden sind.

Abends, nach getaner Stallarbeit, sitzen wir alle in großer Runde um den Küchentisch. Eine Bank und einen Tisch haben wir noch dazugestellt, vierzehn Personen sind wir jetzt.

Dienstag, 3. Oktober

Alle haben gut geschlafen, der Tag startet wie immer. Nach dem Frühstück baut Heiner eine Rückenlehne an die Bank am Bildstock. Jetzt lässt es sich da viel bequemer sitzen. Ein sehr pfiffiger Handwerker. Den Bildstock haben Burgers extra für die neue Hütte schnitzen lassen, die 1989 gebaut wurde. Vorher stand die alte an einer etwas anderen Stelle. Noch heute lagert dort das Holz, das noch gebraucht werden kann. Seit dem Neubau begrüßt der Bildstock jeden Hüttenbesucher als Erstes. Und nun hat die Bank davor auch eine Rückenlehne.

Heiner und Britta machen heute mit ihren Kindern einen Ausflug nach Innichen, und wir fahren nach Bruneck zum Freilichtmuseum Dietenheim. Viele alte Häuser gibt es hier zu sehen. Wir können uns gut vorstellen, wie das Leben in früheren Zeiten war. Hier gibt es auch eine alte Almhütte – ich kann nur sagen, was haben wir es heute gut und bequem auf unserer Alm, im Vergleich zu damals: Strohkiste als Bett, offene Feuerstelle zum Kochen und Wasser mit dem Eimer holen, aus dem kalten Bach; dazu die zugigen Ritzen zwischen den Wandbalken und das leidlich dicht gedeckte Dach.

Nach vielen Eindrücken fahren wir wieder ins Tal zurück und den Berg hinauf zu unserer Alm. Die anderen sind auch wieder da. Es gibt viel zu erzählen. Bei Kerzenlicht geht der Tag zu Ende. Für Licht reicht der Strom bei so bedecktem Wetter nicht mehr.

Mittwoch, 4. Oktober

Heute reisen Heiner und Britta wieder ab. Sie waren auf der Durchreise nach Italien und wollten mein Leben hier oben mal kennenlernen. Auf den Gipfeln rundherum liegt Schnee, und es ist morgens immer stark gefroren.

Unser Ziel ist die Uwaldalm. Gemeinsam machen wir uns auf den Weg dorthin. Vorbei an der im Nebel liegenden vereinsamten Kaseralm, durch die Pfoi, auf dem Almweg 2.000 Richtung Uwaldalm. Bei der Sennerin gibt es Kaiserschmarren für alle und einen Schnaps. Sie schenkt mir ein selbst gebackenes Roggenbrot. Nach wie vor sieht sie es kritisch, dass die Hirten bei mir schon mal einen freien Tag bekamen. Aber das ist mir egal. Es hat alles gut geklappt, wir sind gut miteinander ausgekommen, und anstrengend war es immer noch genug, auch für die Hirten.

Als wir wieder zurück sind, backen Birte und Meike einen Hefezopf. Allen gefällt das einfache Leben, und alle finden sich in den Rhythmus ein. Meike hilft mir beim Melken und im Stall. Nach getaner Arbeit endet der Tag wieder in lustiger Spielrunde.

Donnerstag, 5. Oktober

Es hat geschneit, 10 cm hoch. Ich teile beim Frühstück allen mit, dass wir die Rinder in den Stall holen müssen. Da klingelt das Handy. Martina bittet auch darum, dass die Tiere in den Stall geholt werden. Alle ziehen sich schneefest an, dann machen wir uns auf den Weg. Vorbei an der Hütte vom Hinterhaberer gehen wir zur Rinderwiese. Das Laufen in der Schräge ist gar nicht so einfach. Sigrid rutscht ab und wäre sicher den Hang runtergerutscht, wenn Christian sie nicht geschnappt hätte. Langsam nähern wir uns der Herde und umrunden sie. Bloß nicht treiben, sonst verlieren die Tiere den Halt. Unter dem Schnee ist das Gras relativ hoch und deshalb sehr glitschig. Plötzlich ist es passiert: Ein Tier verliert den Halt, die Beine gehen ihm weg, und es rutscht auf der Seite den Hang runter. Mit einem Krach landet es in dem kleinen Wäldchen, das auf der Weide steht. Uns bleibt das Herz stehen. Selbst der Gatterer kommt quer über die Wiese gelaufen und fragt, ob sie noch lebt. Aber die Kuh steht wieder auf, schüttelt sich und begibt sich zur Herde. Anscheinend ist ihr nichts passiert. Das Wäldchen war ihre Rettung. Es gäbe kein Halten mehr, an der Almhütte vorbei, bis zum Hochwald, wenn sie nicht in diese Baumansammlung gerutscht wäre. Gott sei Dank ist es soweit nicht gekommen. Der Gatterer sagt: »Jetzt hattest du so eine gute Almzeit, und so kurz vor Schluss soll es noch ein Unglück geben?« Aber es ist noch mal gutgegangen.

Langsam treiben wir die Tiere zum Stall. Hier sind sie vor den Wetterunbilden sicher. Nach dem Mittagessen machen wir Frisch- und Kräuterkäse, sehr köstlich. Sigrid und Werner fahren ins Tal einkaufen. Als nachmittags die Sonne rauskommt und der Schnee wegschmilzt, treiben wir die Tiere wieder auf die Wiese. Vor dem Abendessen sind Sigrid und Werner wieder da und kochen heute. Hähnchen in Tomaten und Oliven mit Reis, göttlich. Zum Abschluss dieses ereignisreichen Tages machen wir eine Nachtwanderung bei -5° C, es ist sehr kalt geworden. Der Vollmond leuchtet uns den Weg, aus dem Tal sieht man die Fenster erstrahlen, es ist eine ganz besondere Atmosphäre und wunderschön. Im Mondlicht sehen wir einige Rehe den Hang hinaufziehen. Wir sind ganz leise, und sie lassen sich nicht stören.

Freitag, 6. Oktober

Jeden Morgen ist dicker Reif auf den Wiesen. Meike, die unbedingt melken lernen will, ist immer früh mit im Stall. Auch Birte gehört zu den Frühaufstehern und hilft bei der Stallreinigung. Nach dem Frühstück kommt Franz hoch, um Mist zu fahren. Da ist auch wieder Zeit für ein Schwätzchen. Heute Mittag kehren wir beim Gatterer ein. Er stellt wieder mal fest, wie gut in diesem Sommer das Almleben geklappt habe und wie freundschaftlich unsere Zusammenarbeit gewesen sei.

Für Nachmittags ist Brennholzmachen im Wald geplant. Bernd, Carsten und Christian bereiten die Motorsäge vor, damit kennen sie sich ja aus. So gibt es immer etwas zu tun auf der Alm. Zum Kaffee haben wir besonderen Besuch. Uwe und Tanja, Freunde aus Aachen, machen zurzeit Urlaub bei Stoll im Hotel. Heute sind sie zur Stumpfalm aufgestiegen und freuen sich, lauter bekannte Gesichter zu sehen. Wir genießen die lustige Erzählrunde. Als es Zeit für die Stallarbeit wird, verabschieden sie sich. Unten, im Hotel, wartet das Abendbüfett auf die beiden. Hier oben wird der Abend eingeläutet.

Samstag, 7. Oktober

Heute ist der letzte Tag als Sennerin. Am ersten Samstag im Oktober ist traditionell der Almabtrieb. Der Tag startet wie immer: Meike und Birte sind mittlerweile große Hilfen beim Melken und im Stall »fies vor nix«. Ich entwirre am Vormittag Zaundraht, Birgit bindet einen Hutkranz, einen Schmuck für die Leitkuh brauchen wir leider nicht. Es wird keinen großen Almabtrieb geben, denn der Todesfall der jungen Bäuerin im Tal verbietet es, mit Schmuck und Pomp ins Tal zu ziehen, zumal die Frau früher Sennerin bei Burgers war, als Franz mit sechs Jahren Hirte war. Franz hat mir schon einige Geschichten aus der Zeit erzählt.

Christian hackt Holz, alle sind beschäftigt. Im Laufe des Vormittags sehen wir am oberen Weg eine vierköpfige Gruppe stehen, die zu uns herunterschaut. Es ist Bernds Schwester mit ihrer Familie, die extra zum Almabtrieb gekommen sind. Sie machen zurzeit in Meran Urlaub und haben die Fahrt bis ins Tal und den Fußweg hierauf nicht gescheut, um dabei zu sein. Wir freuen uns sehr und heißen Dieter und Ulla mit Anne (zwölf Jahre) und Kathrin (zehn Jahre) herzlich willkommen.

Als Franz mit den Hirten kommt, werden die Tiere geputzt. Heißes Wasser in großen Kesseln steht mitten im Stall. Alle haben Handschuhe an und Bürsten in der Hand und dann geht es ans Putzen, Striegeln und Bürsten. Das ist schon eine sehr schmutzige Arbeit, aber alle packen mit an.

Bald ist Zeit zum Mittagessen. Birgit, Sigrid, Werner und Bernd haben aus allem, was die Speiß hergab, ein köstliches Mahl gezaubert. Wir sind eine Menge Menschen, die alle satt werden wollen. Gegessen wird draußen, denn in die Hütte passen wir nicht alle. 17 Personen sitzen um den Tisch: Franz, die

Hirten, die Feriengäste, Bernds Schwester mit Mann und den beiden Nichten, Bernd und ich.

Nach dem Essen legt Franz der Nora, unserer Leitkuh, die Schmuckglocke trotzdem an. Es ist zwar nicht angebracht, aber er möchte meine gute Almzeit entsprechend schön zu Ende bringen. Ich sage ihm, das sei nicht nötig, ich möchte nicht unangenehm im Dorf auffallen, wenn es nicht angebracht sei. Aber Elias macht auch noch Druck, und so bekommt Nora die Glocke an.

Franz ruft dreimal ein lautes HooHooHoo zur Gostnerhütte rüber. Jetzt weiß der Gostner, dass wir los ziehen und er in zwanzig Minuten auch aufbrechen kann. Alle erwachsenen Gäste von meiner Hütte sind schon im Tal. Franz fährt auch mit dem Auto runter. Ich treibe mit den Hirten und allen Kindern die Tiere langsam den Fahrweg runter. Ich habe meine normale Kleidung an und trage mit Stolz meinen geschmückten Hut. Franz hätte gerne gesehen, dass ich ein Dirndl getragen hätte. Aber das passt nicht zu mir.

Als wir an der Schranke unten ankommen, müssen wir halten. Martina lässt deutlich ausrichten, wir müssen die Glocke abnehmen, alle ziehen still ins Tal. Das ist jetzt aber noch mal eine Herausforderung, die Nora einzufangen und ihr die Glocke abzunehmen. Aber es klappt, und wir ziehen weiter. Andreas hat einen Korb mit Süßigkeiten für die Kinder am Weg. Mir hat Martina einen Korb in die Hand gedrückt, darin befindet sich Fettgebackenes von ihr, Apfeltaschen von der Alm, Schnaps und kleine Gläser. Als wir ins Dorf kommen, verteilen wir unsere Gaben an die Zuschauer. Franz und Elias übernehmen die Herde und treiben sie zum Heimatstall. Ich brauche ziemlich lange für den Weg bis zum Oberhabererhof, denn ich werde von vielen angesprochen, wie meine Almzeit so war.

Bei Burgers gibt es Kaffee und Kuchen, alle meine Hüttengäste sind mit eingeladen. Ich werfe einen letzten Blick auf die Tiere auf der Heimatweide. Dann treffen wir uns zum Erzählen vom Sommer, bei Kaffee und Kuchen in Martinas Küche.

Irgendwann ist es Zeit aufzubrechen. Franz und Martina müssen in den Stall, und wir wieder nach oben in die Berge. Zum ersten Mal wandere ich den Weg hinauf zu Fuß, ich kannte ihn nur mit dem Auto. Oben angekommen stellen wir fest, wie still es in der Hütte ist, so ohne Tiere – es bricht meine letzte Nacht auf der Alm an.

Sonntag, 8. Oktober

Nach ruhiger Nacht und Ausschlafen gibt es ein letztes gemeinsames Frühstück. Dann geht es ans Aufräumen und Säubern. Alle packen mit an: Stall sauber machen, Reste verwerten, putzen, spülen … Werner hat sein Auto hochgeholt, und sie packen alles ein. Sie fahren noch weiter nach Italien. Lauts bringe ich mit Gepäck ins Tal, sie machen sich auf die lange Heimfahrt. Bernd, Christian und ich geben der Hütte den letzten Schliff. Wir sind bei Burgers zum Mittagessen eingeladen. Das genießen wir und lassen die Zeit noch mal Revue passieren. Dann machen auch wir uns auf den Heimweg nach Deutschland.

Ferien auf der Alm

Auf der Stumpfalm im Valle di Casies
Ging es uns zwei Wochen alles andere als mies

Hoch in der Hütte verweilten wir bei Sennerin Ruth
Und fühlten uns dabei sau-, nein kuhgut

Es war für uns eine sehr schöne Zeit
Denn immer standen neue Erlebnisse bereit

Ob Wandern oder Ersteigen einer Bergspitz
Oder einfach nur auf der Suche nach Gams und Reh im
Ansitz

Auch leckere Pilze fanden wir zuhauf
Und aßen diese auch bald darauf auf

Mit Polenta oder auch als Suppe
Stets wurden wir satt, alles andere war schnuppe

Auch Tiere sahen wir im Berge stehen
Kühe und Ziegen und auch einen Hermelin

Von der Ruth stets gewarnt vor den Geräuschen der Nacht
Kuhglocken, Schädelstoßen, doch was macht's

Den Tieren muss die Alm ein Zuhause sein
Also fügen wir uns brav in das Leben ein

Von Alpenruh merkten wir nicht allzu viel
Zwischen Kuhtreiben, Wandern und manchem Spiel

Am Abend betrachteten wir Riesen und Sterne
Von hier oben sieht man sie wunderbar, deswegen oft und gerne

Doch auch das Almleben erlebten wir mit
Hans, Heinrich und Agnes; Sverre, Gabi und Pit

Die Herstellung von Butter, Käse und Quark wir sahen
Welch wunderliche Dinge unter Sennerinnenhänden geschahen

Doch leider geht unsere Zeit hier zu Ende
Und zum Abschied und Dank reichen Ruth wir die Hände

Doch nicht nur Ruths Alm werden wir nie vergessen
Auch die Burger-Familie, die oft bei uns gesessen

Martina und Franz, das Bauernpaar
Ein ebenso guter Gastgeber uns war

Auch deren Kinder, die beiden Hirten
Andreas und Elias, stets um uns schwirrten

Sie erfüllten die Hütte mit noch mehr Leben
Was Bergferien einem so alles geben

Wir blicken zurück mit Freude und Trän'
So werden wir uns doch alle mal wiedersehn

In zwei, drei oder vier Jahr
Und uns erinnern, wie schön es doch war

So bleibt uns noch eins, denn die Feder ist blank
Für die sehr schöne Zeit sagen wir vielen Dank.

Stumpfalm, St. Magdalena
2. September 2006
Sverre Petri

Nachtrag 2.7.–22.7.2007

Im Sommer 2007 war ich dann, wie versprochen, nochmal vier Wochen als Sennerin im Dienst auf der Stumpfalm in der Oberhabererhütte.

Angereist bin ich am 2.07.2007. Nach einer langen Fahrt von Deutschland aus war ich spätnachmittags wieder oben auf dem Berg. Die Hirten waren auch morgens mit den Tieren losgezogen und kurz vorher oben angekommen. Martina war da und kochte. Alle warteten gespannt auf mich.

Freudig begrüßten sie mich und waren glücklich, dass ich wieder da war. Andreas und Elias wussten, welche Kühe gemolken werden mussten. Ich brachte mein Gepäck ins Sennerinnenzimmer, zog mich um und ging sofort in den Stall, denn erst musste gemolken werden.

India, Else, Iris, Nora ... da standen sie alle wieder. Noch etwas nervös wegen des neuen Umfeldes. Und einige neue Rinder waren dabei, deren Namen musste ich mir erst langsam einprägen.

Die Melkmaschine funktionierte, Franz hatte sie vorher schon durchgecheckt.

Ich merkte gleich, die nötigen Handgriffe saßen noch bei mir, obwohl fast ein ganzes Jahr vergangen war.

Diese Arbeit ging mir leicht von der Hand.

Nach dem Melken, Milchküche aufräumen und Tiere versorgen gab es Abendessen. Martina war noch da und aß mit. Die Hirten waren wieder sehr zurückhaltend, wie im Jahr vorher zu Beginn unserer gemeinsamen Zeit. Die alte Vertrautheit vom letzten Jahr musste erst wieder wachsen.

Mit Martina und mir war es leichter. Wir hatten gleich genug zu erzählen und mussten ja auch einiges abklären. Denn ab jetzt war ich alleine mit den Hirten.

Die Heuzeit konnte noch nicht beginnen, dafür war es noch zu nass und zu kalt. Wir würden also vorerst keine Hüttengesellschaft haben.

Eine wichtige Neuerung war, dass ich nicht mehr mit zum Hüten gehen sollte. Die Hirten hätten im letzten Jahr mit mir zusammen gelernt, wie der Hirtendienst verantwortungsvoll gemacht werden kann, und in diesem Jahr sollten sie beweisen, dass sie es können.

Denn ab August wäre ich nicht mehr hier, und dann müssen sie auch alleine zurechtkommen.

Es gibt zwar eine Österreicherin, die für einige Wochen als Sennerin kommt, und danach eine Familie, aber keiner, der die Hirten so unterstützt, wie ich es im letzten Jahr gemacht habe.

Tja, mal sehen ob es klappt. Dann waren wir alleine, Martina fuhr ins Tal.

Neue Hirten haben es schwer

Mittwoch, 3. Juli 2007

Mein Wecker schellt um 5.45 Uhr. Raus aus den Federn! Ich habe sehr gut geschlafen, für mich war das Ankommen gestern wie nach Hause kommen.

Im Stall gucken die neuen Rinder etwas verdutzt, die alten Kühe scheinen meine Stimme erkannt zu haben, denn sie bleiben auch heute Morgen ganz ruhig bei der Stallarbeit.

Als ich fertig bin mit meiner Arbeit, gehe ich oben Frühstück machen. Die Hirten schlafen noch, es ist auch noch etwas Zeit, bevor ich sie wecken muss.

Das Feuer im Herd brennt schnell, und dem ersten Kaffee steht nichts mehr im Weg.

Ich gehe auf den Balkon und genieße wieder die typische morgendliche Atmosphäre beim Blick ins Tal und in die Weite. Kalt ist es noch, mal gerade +3° C.

Es wird Zeit, die Hirten zu wecken. Nach dem gemeinsamen Frühstück ziehen wir zusammen los. Heute ist der erste Morgen, die Tiere sind noch nervös, und da ist es gut, so viele Helfer wie möglich zu haben.

Auf dem halben Weg zum Pervasan kommt auch noch die Herde vom Unterhaberer dazu, die wird in diesem Jahr von einem neuen Hirten gehütet. Elias und Andreas kennen ihn von der Schule. Sie mögen ihn nicht besonders, und das merke ich sofort.

Er hat auch viel Arbeit mit seiner Herde. Für ihn ist es das erste Hirtenjahr. Er hat keine Übung, den Tieren ist er nicht vertraut, und die nötige Gelassenheit in so einer Situation fehlt ihm natürlich völlig.

Mit viel Einsatz unsererseits kommen wir gemeinsam am Weideziel an.

Die Tiere sind alle sehr nervös, die Bremsen stechen und sind sehr lästig. Ruhe ist hier heute keine reinzubekommen. Nur ich bin die Ruhe selbst, denn ich weiß jetzt, wie es geht. Letztes Jahr um diese Zeit konnte ich mich nicht hinsetzten, so aufgeregt war ich.

Zur Mittagszeit ist kein Denken daran, die Herde alleine zu lassen. Also gehe ich zurück, koche, und meine Hirten kommen im Wechsel zum Essen. Zur Abtriebzeit bin ich auch wieder auf der Weide, und gemeinsam schaffen wir den Weg zurück in die jeweiligen Ställe.

Der Hirtendienst endet wie immer vor dem Stall, die Stallarbeit mache ich alleine. So sind die Regeln im Almleben, und die Hirten sind froh, dass sie dann Feierabend haben.

Nach dem Abendessen spielen wir noch eine Runde Stadt-Land-Fluss mit zusätzlichen Hirtenregeln und haben viel Spaß. Die alte Vertrautheit stellt sich langsam wieder ein.

Donnerstag, 4. Juli 2007

Wie schnell mich der Alltag auf der Alm wieder eingeholt hat! Ich genieße, dass ich alleine arbeiten kann und auf keine Einarbeitung mehr angewiesen bin.

Auch heute gehe ich mit den Hirten mit. Die Situation mit dem Hirten vom Unterhaberer ist mir zu unsicher, um die Hirten alleine zu lassen.

Im Wald treffen die Herden sich wieder. Erst läuft alles glatt.

Der Unterhabererhirte hat zwei sehr junge Rinder dabei, die schwierig in der Herde zu halten sind.

Aber gemeinsam schaffen wir es und kommen an der Weide an. Hier lasse ich die Jungs alleine und gehe zur Hütte zurück.

Ich backe einen Apfelstrudel und bereite alles fürs Mittagessen vor. Das ist für mich eine ganz neue Erfahrung, so viel Zeit an der Hütte zu haben.

Die Hirten kommen wieder getrennt essen, sie wollen den Neuen nicht alleine mit der Herde lassen. Der hat niemanden an seiner Hütte, zu dem er mittags gehen kann. Er hat ein Vesperpaket dabei und bleibt den Tag über bei der Herde.

Den Rücktrieb schaffen die Hirten wieder alleine. Nach getaner Arbeit wird es Abend in den Bergen. In diesem Jahr will es nicht sommerlich warm werden. Auch auf den Wiesen steht das Gras nicht so hoch wie im letzten Jahr. Da ist nicht viel Futter für die Tiere.

Freitag, 5. Juli 2007

Nach dem Frühstück bitten mich die Hirten, auch heute wieder mitzugehen. Sie haben Sorgen, dass sie das Treiben mit den anderen Tieren und dem neuen Hirten zusammen nicht schaffen. Ich schicke sie alleine auf den Weg, verspreche ihnen aber, kurze Zeit später nachzukommen.

So machen wir es. Als ich dann wieder zu ihnen stoße, klappt alles sehr gut, ich kann wieder gehen.

Zur Mittagszeit stehen beide in der Türe. Die Tiere hätten sich gelegt, der neue Hirte bliebe da, sie könnten Pause machen.

Anscheinend kommt langsam Ruhe in die Herde.

Nach der Mittagspause gehe ich mit zu den Tieren. Ich will mal laufen, und die Hirten freuen sich. Am Pervasan ist auch nicht viel Futter für die Tiere, anders als im letzten Jahr, da stand das Gras hier schön hoch. Aber es hat wohl im Mai starke Hagelgüsse gegeben. Die haben viel kaputtgemacht. Und wenn es jetzt nicht warm und sonnig wird, dann kann das Gras nicht wachsen. Aber von warm und sonnig ist im Moment nichts zu merken. Es ist zwar trocken, aber kalt. Mal sehen, wie lange die Weide hier noch reicht.

Am Abend ziehen wir wieder zurück. Ohne unsere Hilfe kommt der Hirte nicht mit der ganzen Herde zurück. Auch das Trennen an der Wegkreuzung ist nicht ganz einfach. Ihm fehlt es an Erfahrung und an Durchhaltevermögen. Er ist nicht so sehr bei der Sache wie Andreas oder Elias. Er quatscht lieber. Da merkt man, er muss noch viel lernen als neuer Hirte.

Zurück an der Hütte, gehen die Hirten ins Haus und ich in den Stall.

Beim Abendessen und anschließenden gemütlichen Zusammensitzen kommen wir ins Gespräch über die Zeit zwischen Sommer 2006 und diesem Sommer und darüber, wie es für die Hirten im Rest des Sommers weitergeht, wenn ich nicht mehr da bin.

Unsere Hüttengemeinschaft ist wieder zusammengewachsen, und wir haben wie immer viel Spaß zusammen.

Samstag, 6. Juli 2007

Ein kalter Morgen begrüßt mich. Raureif liegt auf den Wiesen. Will der Sommer denn gar nicht kommen? Nach dem Frühstück ziehen die Hirten alleine los. Ich setze einen Käse an und genieße die Almruhe. Zu Mittag stehen alle drei Hirten in der Tür. Alle Tiere lägen, und es wäre Ruhe in der Herde. Der Neue fragt, ob er mitessen könne, ich lade ihn ein. Denn mir tut er leid, weil er keinen Ansprechpartner während des langen Tages hat. Wir sitzen gerade und fangen an, da hören wir draußen Kuhglocken bimmeln. Was ist das denn? Die Hirten springen auf, sie denken, es sind die Tiere vom Gostner, aber es sind unsere Tiere. Die haben sich wohl auf den Heimweg gemacht, als keine Hirten mehr da waren. Also lagen sie doch nicht, und da das Futter am Pervasan so knapp ist, zieht es sie alle in den heimatlichen Stall. Schnell essen die Hirten den Teller leer, und dann gehen sie wieder los.

Ob alle Tiere vom Unterhaberer dabei waren, konnte ich nicht erkennen, aber einige schon. Unsere waren jedenfalls komplett hier.

Ich bin mit meinem Käse beschäftigt und kann die Jungs diesmal nicht abholen.

Zur Melkzeit sind sie pünktlich wieder da.

Beim Abendessen schimpfen sie über den Neuen. Er hätte seine Vesperdose nicht angerührt und wäre ohne sie zu fragen mittags mitgekommen. Außerdem würde er nie laufen, wenn Tiere sich von der Herde entfernen, auch bei den eigenen Tieren nicht.

Er wäre unausstehlich, würde ärgern, und mit ihm zusammen würde das Hüten keinen Spaß machen.

Dann schreiben wir einen Brief an Rainer und Gabi und ihre Kinder. Wir säßen hier in der Hütte und würden an sie denken. Lenas Lieblingsrind Enzi wäre auch wieder da, und ob wir ihr wieder ein Tuch in den Stall hängen sollen, damit ich ihr den Lieblingsgeruch wieder mitbringen könnte. Zum Abschluss die übliche Runde Stadt-Land-Fluss mit Almregeln, und dann ist Nachtruhe.

Da die Hirten immer gegen 21 Uhr ins Bett gehen, manchmal freiwillig, manchmal mit Zwang, habe ich dann immer noch Zeit für mich alleine. Zeit zum Lesen, Schreiben, Stricken oder

Sticken. Kein Radio, kein Fernseher lenkt meine Gedanken ab. Das tut dem Kopf gut.

Sonntag, 7. Juli 2007

So ein früher Morgen in den Bergen ist schon etwas Besonderes. Heute zeigt sich die Sonne auch und wandert ganz langsam die Bergspitzen hinab. Erst färben sie sich rosarot, dann wechselt es ins Orange. Wenn ich aus dem Stall zur Milchküche gehe und dann wieder zurück, sehe ich die Farben der Sonne immer tiefer wandern. Eine einzigartige Atmosphäre breitet sich aus. Wenn es jetzt noch sommerlich warm wird, dann ist die Welt in Ordnung.

Die Hirten ziehen los, aber bald schon steht Elias wieder in der Türe. Unser Neuer hat Schwierigkeiten, die Herde zusammenzuhalten. Alleine schaffen sie es nicht. Ich gehe mit und helfe. Die beiden kleinen Rinder machen ihm aber auch echt das Leben schwer.

Es dauert nicht lange, da büxen die beiden aus. Er versucht, sie einzufangen. Wir halten seine Herde zusammen und treiben alle langsam weiter. Irgendwann taucht er wieder auf, ohne Rinder. Die könnten ihm gestohlen bleiben, er hätte sie nicht bekommen. Langsam versteh ich meine Hirten und was sie damit meinen, dass er nicht sehr zuverlässig ist.

Ich will ihn noch mal motivieren, die zwei zu holen, aber er hat keine Lust mehr. Also geht er mit den anderen Tieren zur Weide, und ich kann zur Hütte zurück.

Es dauert nicht lange, da sehe ich die Ausreißer unterhalb meiner Hütte durch die Heuwiesen laufen. Sie steigen über die Zäune, trampeln viel kaputt und ziehen langsam Richtung Unterhabererhütte. Ich folge ihnen und treibe sie zur Herde auf die Weide.

Der Hirte bedankt sich und verspricht, sie besser zusammenzuhalten.

Als ich wieder an der Hütte bin, ist Martina da. Sie wundert sich, dass ich mit den Hirten unterwegs sei. Als sie die Geschichte aber hört, kann sie meine Unterstützung verstehen. Nur das Verhalten des Hirten gefällt ihr gar nicht. Er könne sich nicht einfach bei uns einladen, für seine Verpflegung wäre sein Bauer zuständig. Dass er das Hüten erst noch lernen muss, das sieht sie auch so. Aber zur Mittagszeit kommen die Hirten und beschweren sich wieder über sein Verhalten, und auch Martina hat dafür kein Verständnis mehr.

Aber was wollen wir machen? Es ist der Hirte vom Unterhaberer, der muss sich auch darum kümmern und ihm das Hüten zeigen.

Martina ist gerade weg, wir sitzen beim Essen, da bimmeln wieder die Kuhglocken vor der Hütte, unsere Tiere sind wieder alle da.

Die Hirten ziehen wieder los.

Abends erfahre ich, der Neue ist zur Mittagszeit zum Gatterer gegangen, obwohl er versprochen hatte, bei der Herde zu bleiben, und die Tiere lagen auch nicht alle. Ich glaube, es ist zu wenig Futter auf der Weide. Deshalb hält die Tiere nichts dort.

Der Gatterer hat seine Tiere schon eine Weide höher, aber unsere Weidezeit im Pervasan ist eigentlich noch nicht zu Ende.

So ist das mit dem Almleben. Die Theorie kenne ich jetzt, die habe ich im letzten Jahr um diese Zeit gelernt. Jeder Bauer hat ein Weiderecht auf gemeinschaftlichem Gebiet, das sich nach bestimmten Daten richtet. Aber dieses Jahr sagt die Praxis, das Futter reicht nicht mehr, was machen wir jetzt?

Verdrehte Welt

Montag, 8. Juli 2007

Als die Hirten losziehen, trage ich ihnen auf, den Gatterer zu fragen, ob wir auch schon eine Weide höher können, denn seine Tiere seien ja auch da.

Im Vormittag laufen die beiden kleinen Rinder wieder an der Hütte durch die Heuwiesen. Ich treibe sie raus und Richtung Herde, da treffe ich den zuständigen Hirten. Er ist schon auf der Suche nach ihnen. Ich ermahne ihn noch mal, die Herde zusammenzuhalten und mit den Hirten abzusprechen, wer im Wechsel mittags dabei bleibt, wenn er nicht alleine dableiben will.

Zur Mittagszeit sind alle drei Hirten wieder an der Hütte. Meine Jungs sind nicht ganz glücklich damit, aber der Neue hat sich einfach angeschlossen. Jetzt ist er einmal da, jetzt kann er auch mitessen. Aber auch heute ist keine Ruhe beim Mittagessen, bald läuten die Glocken wieder vor der Hütte.

Die Jungs machen sich schnell wieder auf den Weg.

Heute ist auch die Herde vom Gatterer am Pervasan. Er hat einen neuen Hirten, der heißt Thomas und kommt aus dem Antholzertal. Er hat schon viel Hüteerfahrung, und die Hirten sagen, er machte einen sehr sympathischen Eindruck

Ich entscheide: Morgen ziehen wir eine Weide höher, der Pervasan hat einfach kein Futter mehr.

Abends spreche ich mit den Hirten über meine Planung. Sie sind einverstanden, denn auch sie sagen, es gebe kein Futter mehr.

Dienstag, 9. Juli 2007

Heute treiben wir die Tiere Richtung Steinriedl. Der Gatterer ist nicht an seiner Hütte, um es mit ihm abzusprechen. Seine Zäune stehen auch noch überall. Wir legen die Zäune vorsichtig nieder, treiben die Tiere drüber hinweg und bauen sie wieder auf.

Die Steinriedl haben wir für uns alleine. Die beiden anderen Herden sind noch unten geblieben. Meine Hirten sind zufrieden, dass wir hier alleine weiden lassen. Schließlich haben die anderen Bauern auch schon die Weiden früher genutzt, und jetzt ist da alles leer gefressen. Da sind wir hier eben die Ersten. Ich stelle fest, wenn das Futter knapp wird, dann ist der Konkurrenzkampf nicht weit. Nicht nur zwischen den Bauern, auch zwischen den Hirten.

Zur Mittagszeit liegen die Tiere, die Hirten kommen zur Hütte und berichten, dass der Gatterer seine Zäune jetzt abgebaut hätte. Dann wird der Heimweg heute Abend etwas einfacher werden.

Nachmittags zum Heimtreiben steige ich mit auf. Auch auf der Steinriedl ist nicht sehr viel Futter, und so haben sich die Tiere weit verteilt. Wir verbringen eine lange Zeit damit, die Herde zusammenzusuchen.

Müde ziehen wir zur Hütte zurück. Ein anstrengender Tag liegt hinter uns. Ich bin froh, als nach Abendessen und Spielrunde die Hirten im Bett sind, und ich noch ein wenig zur Ruhe kommen kann.

Mittwoch, 10. Juli 2007

Der Gatterer ist sauer. Die Oberhaberer sind einfach im Alleingang höher gezogen. So was gab es noch nie. Wie soll denn dann das Futter für alle reichen? Sein Hirte Thomas kommt heute auch mit der Herde zur Steinriedl. Ich wusste nicht, dass wir alle zusammen hochziehen sollten. Die Hirten haben nichts gesagt, und der Gatterer hatte seine Tiere ja auch schon länger im Pervasan, ohne die der anderen Bauern. Ich wollte nichts Ungewohntes tun, ich wollte nur die Tiere auf eine Weide mit Futter bringen.

Aber der Gatterer ist auch sauer, weil der Unterhaberer mit seiner Herde nicht mehr bei uns ist. Der Hirte hat das Handtuch geschmissen und ist nicht mehr zum Dienst gekommen. Jetzt ist der Sohn vom Unterhaberer schon früher als Senner auf die neue Hütte gekommen, oben am Almweg 2.000 und hütet seine Tiere selber. Das heißt aber auch, dass die Tiere schon das Futter kriegen, was für alle für die nächsten Wochen reichen soll. Es geht immer um Konkurrenz und Existenz.

Im Vormittag kommt der Gatterer selber hoch zur Steinriedl und schimpft erst einmal mit mir. Dann reden wir in Ruhe über meine Sorgen mit dem Futter, und dass ich die Spielregeln ja immer noch nicht alle kenne. Er hat Verständnis für mich und meine Entscheidung. Immer wieder betont er, dass er es toll findet, wie gut es im letzten Jahr mit der Zusammenarbeit zwischen uns und auch mit dem Oberhaberer geklappt hat. Einen solchen Sommer hat es wohl seit Jahren nicht mehr gegeben. Vorher hat es immer Streit und Meinungsverschiedenheiten gegeben. Oft sind die Unstimmigkeiten auf dem Rücken der Hirten ausgetragen worden oder in lautstarken Auseinandersetzungen gegipfelt.

Dann fällt er ins Erzählen von früher. Geschichten rund ums Hüten, wie er selber Hirte war. Die Ängste bei Unwettern, ganz alleine, keine Hilfe, kein Schutz weit und breit. Die Unsicherheiten, wenn die Tiere sich verstiegen haben, denn wenn ein Unglück geschieht, trifft den Hirten die Schuld, auch wenn er völlig überfordert ist. Der Anspruch schon an einen Sechsjährigen, dass er alles richtig macht, weiß, wie Hüten geht, die Weidegrenzen kennt und die Launen der Nachbarbauern aushält, deren Einstellung manchmal war: Mit Kindern kann man umgehen, wie man will.

Manche Fehde zwischen Nachbarhöfen zieht sich schon über Generationen hin. Immer wieder tragen die Hirten diese Zwistigkeiten neu aus, weil sie zuhause hören, was vor vielen Jahren passiert und nie bereinigt worden ist.

Dazu kommen Existenzängste und Sorgen vor Übervorteilung, die sie zuhause aus den Gesprächen am Tisch mithören, und dann bildet sich eine Meinung, die auch wieder nicht zum Frieden in der Nachbarschaft beiträgt.

Würden die Eltern oder Großeltern doch ihre Angelegenheiten direkt regeln, schriftlich festhalten und anerkennen, dann hätten nicht Generationen von Hirten das Gefühl, sie müssten es weitertragen und darunter leiden.

Aber der Gatterer erzählt auch schöne Geschichten. Die Spiele, die sie erfunden haben, Mutproben, die bestanden werden mussten. Er sagt, das Hirtenleben prägt ein Kind sehr positiv in seiner Entwicklung und stählt fürs spätere Leben. Heimatverbundenheit, Verantwortung, Durchhaltevermögen lernen die Kinder so schon früh.

Es ist schon ein besonderes Leben hier auf der Alm.

Gemeinsam treiben wir die Tiere heim.

An der Hütte treffen wir Martina. Sie hat Lebensmittel hochgebracht und auch eine Nachricht von Gabi – sie haben durch unseren Brief Sehnsucht bekommen und kommen in drei Tagen. Hurra, das freut uns sehr.

Außerdem hat Bernd eine E-Mail geschickt. Meine Freundin Eva, ihre Enkeltochter Anna und meine Nichte Meike wollen auch die letzten vier Tage kommen, sie reisen mit dem Zug an und fahren dann mit mir nach Hause. Dann wird es ja noch voll in der Hütte.

Nach dem Abendessen fragt Andreas mich, wie man tanzt.

Nichts leichter als das, Tanzkurs für die Hirten in der Hüttenküche. Als Erstes Trockenübung mit einem einfachen Tanzschritt. Eins, zwei, Seit und ran, rück, zwei, Seit und ran ... nur nicht zu große Schritte machen, dann passen wir nicht zu dritt auf die Küchentanzfläche. Kurz vor Knoten in den Beinen fangen wir noch mal von vorne an, bis die Schritte sitzen. Andreas ist sehr interessiert, Elias ist etwas peinlich berührt. Aber wir sind ja unter uns, da muss nichts peinlich sein. Als die Trockenübungen klappen, wird mit Tanzpartnerin geübt. In Ermangelung mehrerer Damen lasse ich mich im Wechsel von dem einen und dann von dem anderen Hirten durch die Küche führen. Irgendwann klappt auch das, jetzt mit Musik. Wir machen das Radio an und warten, bis ein Lied mit der passenden Musik kommt. Dann geht's rund, immer zwischen Tisch, Bank und Spüle hin und her. Mal mit Andreas, mal mit Elias, dazwischen Pause, wenn sie im Radio quatschen. Der Abend verfliegt, und bald ist es Bettgehzeit. Na dann, machen wir morgen wieder weiter.

Donnerstag, 11. Juli 2007

Es hat geschneit. 10–15 cm Schnee liegen auf dem Tisch vor der Hütte. Da können die Tiere nicht raus. Das Melken und die Stallarbeit sind schnell erledigt. Die Hirten wecken, Frühstück machen, und dann sitzen wir gemütlich in der Küche und haben erst einmal frei. Andreas findet auf dem Dachboden Weihnachtsschmuck. Damit schmückt er die Hütte weihnachtlich, denn das findet er bei dem Wetter sehr passend.

Ich setzte einen Käse an. Dann vertreiben wir uns die Zeit

mit Spielen und Erzählen. Im Laufe des Vormittags kommt die Sonne raus. Der Schnee schmilzt langsam. Diese Wetterkapriolen in den Bergen sind schon beeindruckend. Immer wieder beweist der Himmel, dass es noch Überraschungen gibt.

Im frühen Nachmittag kommt Franz hoch. Er wundert sich, dass die Tiere noch nicht raus sind. Schließlich ist der Schnee jetzt weg und der Gatterer hat seine Tiere auch draußen. Uns war es zu heikel, die Tiere rauszutreiben. Außerdem liegt die Almhütte vom Gatterer direkt neben der Weide. Wir hätten erst noch eine halbe Stunde treiben müssen. Franz ist der Meinung, das hätte sich gelohnt, wir waren es nicht.

Die nachmittägliche Stallarbeit steht trotzdem an. Der Stall hat nach einem ganzen Tag voller Tiere eine gründliche Reinigung bitter nötig. Elias ist mit ins Tal gefahren, für ihn gibt es unten viel zu tun. Andreas geht mit mir in den Stall und hilft. Ich bin ganz verwundert. Das ist das erste Mal, dass er zum Arbeiten mit in den Stall kommt. Er verteilt Kraftfutter und Heu an alle Tiere, während ich den Mist entsorge.

Beim Melken schaut er mir dann zu und stellt allerlei interessierte Fragen.

Nach unserem gemeinsamen Abendessen genießen wir die Stille der Alm. Trotz Schnee morgens ist es gar nicht so kalt, und ich kann ein paar Minuten auf dem Balkon sitzen. Ich telefoniere mit Zuhause und bestelle Pullover und Socken.

Freitag, 12. Juli 2007

Nach dem Frühstück zieht Andreas mit den Tieren los. Ich brauche nicht mit, denn ab der Gattererhütte ist Thomas ja dabei, die zwei verstehen sich sehr gut.

So bleibt mir wieder Zeit zur Käseherstellung. Außerdem setze ich Quark an. Es ist sehr warm heute. Der Sommer hat wohl Einzug gehalten. Von meinem Blick auf dem Balkon kann ich sehen, wie im Tal alle Wiesen gemäht werden. Gott sei Dank bekommen die Bauern endlich ihr Heu eingefahren. Das war aber auch ein nasser Sommer bisher.

Zur Mittagszeit ist Andreas pünktlich zurück, und wir können gemeinsam essen. Martina kommt uns besuchen. Sie bringt Lebensmittel mit und Nachricht von zuhause. Gabi und die Kinder wollen übermorgen Nachmittag im Tal ankommen, Rainer kommt einige Tage später nach. Die gewünschten Anziehsachen hat sie schon bei Bernd geholt. Mittlerweile ist es so warm, dass ich die Sachen vermutlich gar nicht brauchen werde. Martina kündigt auch an, dass morgen die Mahd auf der Alm losgeht. Franz wird früh zum Mähen kommen, und im Laufe des Tages werden eine Cousine, ihr Sohn, Martina und wer sonst noch zur Hilfe mit hochkommen. Sie fragt, ob ich dann für alle kochen kann, das mache ich doch sehr gerne.

Als es Zeit wird, die Tiere zu holen, mache ich mich mit Andreas auf den Weg, Richtung Riepenspitze. Die Tiere haben sich weit verteilt, da ist meine Hilfe herzlich willkommen.

Während wir beim Zusammentreiben sind, stellen Thomas und Andreas fest, dass sie noch nie selbstgemachte Pizza gegessen haben. Im Land der Pizzerien kommt man auch nicht so schnell darauf. Ich gehe in Gedanken die Vorräte unserer Speisekammer durch und lade Thomas ein, am Abend zum Pizza-Essen zu kommen. Das macht er gerne, und wir verabschieden uns bis zum Abend.

Andreas bleibt wieder mit mir im Stall. Er kettet die Tiere an, versorgt sie mit Kraftfutter und steht in der Melkküche neben mir, als ich das Melkeimerpuzzle zusammensetze. Ich bin ganz verwundert; damit wollte er noch nie etwas zu tun haben. Als wir mit den Melkeimern in den Stall kommen, lässt er sich von mir zeigen, wie man das Euter reinigt und anmelkt. Beim Anlegen des Melkgeschirrs schaut er lieber wieder zu. Er fragt nach, woran ich sehe, dass das Euter leer sei, und schleppt mir die eine Kanne in die Milchküche. Hier versorgen wir die Milch gemeinsam, spülen und bringen das Tagewerk zu Ende.

In der Küche wartet noch Arbeit auf mich, denn die Pizza muss gemacht werden. Um den Backofen nutzen zu können, muss ich erst tüchtig einheizen. Irgendwann taucht Thomas auf, und die beiden vergnügen sich noch mit Spielen und Albernheiten, bis ich endlich zum Essen rufen kann.

Es schmeckt uns vorzüglich. Voller Lob stellen die beiden fest, eine so leckere Pizza haben sie noch nie gegessen. Ich denke, das Kompliment hat auch was damit zu tun, dass es auf der Alm noch nie Pizza gab, denn von einem professionellen Pizzabäcker bin ich weit entfernt. Als es Schlafenszeit ist, bedankt sich Thomas sehr freundlich und macht sich wieder auf den Heimweg. Andreas bedauert, dass wir im Tanzen nicht weitergekommen sind, aber mehr Stunden hat der Tag halt nicht.

Waffeln auf der Almhütte

Samstag, 13. Juli 2007

Vor der Hütte steht ein fremdes Auto. Wer kann das denn sein? Es ist sechs Uhr früh, wer schleicht denn um die Hütte rum. Gestern Abend habe ich keinen mehr kommen gehört. Stall und Hütte waren fest verschlossen, da kann sich nur einer in der Nacht ins Heu gelegt haben. Ich mache mich fertig und gehe in den Stall. Hier ist alles unverändert, im Heu liegt keiner. Wer hat denn nur das Auto abgestellt?

Als ich beim Melken bin, höre ich Stimmen auf die Hütte zukommen. Und dann sehe ich auch die »nächtlichen Gäste«. Es ist Josef, der Hotelier, mit einigen Hotelgästen. Er ist vor Morgengrauen mit ihnen bis hier heraufgefahren und dann auf die Riepenspitze gewandert. Hier haben sie einen fantastischen Sonnenaufgang erlebt. Jetzt fahren sie wieder ins Tal zum Frühstücken, eine einfache Erklärung für meine große Verwirrung.

Als ich Andreas wecke und von den Besuchern erzähle, fällt ihm ein, dass er mir das auch sagen sollte. Josef hatte ihn informiert, damit ich keinen Schreck kriege. Naja, so schlimm war es nicht, es war halt nur sehr ungewöhnlich.

Während wir noch frühstücken, kommen Franz und Elias hoch. Elias geht mit zum Hüten, Franz fängt an zu mähen.

Ich räume die Hütte auf, putze mal gründlich durch alle Zimmer, schließlich kommen gleich einige Heugäste, und fange dann an zu kochen.

Bratkartoffeln, Schnitzel und Salat, da muss ich den Herd

tüchtig einheizen. Kurz vor zwölf kommt Martina schon mal als Vorhut und hilft mir, alles fertigzumachen. Die Hirten sind auch pünktlich zum Essen, da ist es schon sehr voll in der Hüttenküche. Im Heu kann ich nicht helfen, so schnell trocknet es noch gar nicht. Zum Hüten muss ich auch nicht mit. Dann kann ich mal ausprobieren, wie das Waffeleisen funktioniert, das Pit und Gabi letztes Jahr mitgebracht haben. Das passende Rezept finde ich im Kochbuch, Zutaten sind alle vorhanden, nichts wie ran. Wieder muss der Ofen eingeheizt werden, da wird schon einiges an Holz verbraucht an einem Tag. Ich kann nur alle Türen weit aufmachen, denn sonst ist es viel zu warm. Zum Backen muss ich das Waffeleisen auf der Ofenplatte vorheizen. Die Frage ist: mit Herdringen oder in der offenen Flamme? Erst mal die sanftere Version, auf der Herdplatte. Zwei Minuten von beiden Seiten, dann aufklappen, Teig rein, zuklappen und wieder zwei Minuten von beiden Seiten. Erstes Exemplar: sehr dunkel, also das mit der Herdplatte ist richtig, offenes Feuer ist nicht nötig, aber ich probiere es mal mit einer Minute von jeder Seite. Jetzt klappt es wie am Schnürchen. Als Martina zur Marendezeit runter kommt, staunt sie nicht schlecht. Auch die anderen Helfer trudeln langsam ein, und es gibt ein großes Hallo, denn Waffeln auf der Almhütte ist schon was Besonderes.

Kein Krümel bleibt übrig, als alle genug zugelangt haben. In der Zwischenzeit sind die Hirten mit den Tieren zurückgekommen, und ich muss in den Stall. Die Heuhelfer fahren wieder ins Tal, morgen werden fast alle wiederkommen.

Nach dem Abendessen machen wir noch mal eine Tanzstunde. Denn wenn ab morgen die Gäste da sind, wird das zu peinlich. Dann werden die Abende wieder anders gestaltet.

Sonntag, 14. Juli 2007

Beim morgendlichen Gang auf den Balkon sehe ich: es ist jetzt schon morgens sehr warm, das Thermometer zeigt +12° C, wenn ich aufstehe, das wird wieder ein heißer Tag. Für die Bauern ein großes Glück, denn so bekommen sie ihr Heu endlich eingefahren.

Als die Hirten sich mit den Tieren auf den Weg machen, ist Franz schon wieder beim Mähen. Da er auf der Wiese oberhalb der Hütte ist, kommt er nicht rein. Ich räume Küche und Bad auf, außerdem sind die Fenster heute mal dran, denn die Fliegen, davon gibt es hier reichlich, nehmen den Fenstern jegliche Sicht. Gerade, als ich überlege, was ich aus den Vorräten heute für eine Mahlzeit für viele zaubern kann, kommt Martina mit ihren Kisten. Sie hat Lasagne vorbereitet und Salat, ich brauche heute nicht zu kochen. Sie hat auch Zutaten für Waffeln mitgebracht, wenn ich in den nächsten Tagen Lust habe, dann kann ich ja noch mal backen. Für heute mache ich Apfelstrudel, denn die Äpfel müssen weg und das Backen im Holzofen macht mir richtig Spaß.

Bis zum Mittagessen kann ich auch noch ins Heu. Danach fahre ich ins Tal, Gabi und die Kinder holen. Die sind froh, dass sie die anstrengende Fahrt hinter sich haben. Bei der Fahrt den Berg hinauf freuen sich alle über die bekannten Stellen, die sie aus dem letzten Jahr noch in Erinnerung haben. Auf der Hütte angekommen, beziehen sie wieder den Speicher mit seinem Matratzenlager, und schon wenige Zeit später fühlen sich alle wie zuhause.

Ins Heu geht Gabi heute noch nicht, dafür war die Fahrt zu anstrengend. Aber wenn sie morgen ausgeschlafen hat, dann will sie wieder mit ran. Auch die Kinder freuen sich wieder auf den einfachen Tagesablauf, bei dem sie mithelfen können, wie sie wollen.

Andreas kommt mit den Tieren zurück. Es gibt eine große Wiedersehensfreude, aber auch ein zaghaftes Beschnuppern, denn alle sind größer geworden und haben sich verändert. Hannes und Andreas haben sich im letzten Jahr sehr gut verstanden. Mal sehen, ob das wieder klappt. Lena war vor allem auf die Tiere fixiert, ob sie wieder so wichtig sind? Und Tom wollte mit arbeiten und helfen, der kleine Bauer halt, Franz war sein großes Vorbild.

Für heute ist nach dem Abendessen Schluss. Die Kinder sind ziemlich müde. Gabi und ich genießen die Abendstimmung auf dem Balkon, mit dem gewohnten Blick ins Tal.

Montag, 15. Juli 2007

Alles schläft noch, als ich mich in den Stall begebe. Erst wieder in der Milchküche das Melkeimerpuzzle zusammensetzen, dann in den Stall, und da sitzt Tom schon auf der Treppe und fragt, ob er mithelfen könne. Mit Eifer schwingt er die Mistgabel, er ist wieder in seinem Element. Nach gemeinsam getaner Arbeit gehen wir hoch und machen Frühstück. Andreas und Elias müssen geweckt werden, Gabi taucht auch schon auf, die beiden anderen schlafen noch.

Nur widerwillig machen sich die Hirten auf den Weg. Lieber wollen sie den Besuch genießen. Es hilft aber nichts, und irgendwann ziehen sie los. Bald sind auch die Heuleute wieder da, und schnell herrscht viel Leben an der Hütte. Da Martina auch heute das Mittagessen vorbereitet hat, könnten wir mit ins Heu. Davon will sie aber nichts wissen, denn Gabi soll sich erst einmal akklimatisieren. Na dann, besuchen wir die Hirten. Das ist nicht so weit, und Andreas und Elias freuen sich sicher. Hannes, Lena und Tom gehen mit. Wir treffen Hirten und Herden an den Drei Trögele. Thomas hat ein Handy, das Musik abspielen kann. Die Technik bildet eine gute Basis für die großen Jungs, um miteinander ins Gespräch zu kommen. Lena hockt bei uns, und Tom streift durch die Gegend. Es ist wieder sehr heiß, und auf allen Almweiden können wir die Bauern bei der Heuernte beobachten. Überall sind nicht nur Einzelne im Einsatz, sondern alle haben Unterstützung durch Familienmitglieder, die keine Landwirtschaft haben. Es ist eine schwere körperliche Arbeit, das Heumachen auf der Alm. Viel muss mit der Hand gemacht werden, und einige Helfer sehen es sicherlich als Ausgleichssport für ihren Alltag sonst.

Zu Mittag liegen die Tiere, wir können runter. Die Hütte ist voll, aber mit gutem Willen passen wir alle an den Tisch.

Für den Nachmittag, als alle wieder ausgeflogen sind, backen Gabi und ich Waffeln, und ich versorge die Käse. Die ersten zwei, die ich gemacht habe, laufen auseinander und wollen keine Form bilden. Ich glaube, das gibt nichts mehr, die muss ich entsorgen. Es war die erste Milch auf der Alm, die ich dafür genommen habe. Vermutlich hat die Milch eine andere Zusammensetzung, wenn die Kühe auf Frischfutter umgestellt werden, und deshalb hat diese Käsezubereitung nicht geklappt. Die drei anderen reibe ich mit Salzlake ein, langsam bildet sich eine Rinde, sie sehen sehr gut aus.

Zur Melkzeit kehrt Ruhe auf der Alm ein. Alle Helfer sind ins Tal, und die Kinder vergnügen sich mit ihren technischen Spielzeugen.

Andreas steht wieder neben mir im Stall. Er will lernen, wie die Melkkannen zusammengesetzt werden. Dann gehen wir gemeinsam rüber in den Stall. Er reinigt das Euter bei der India, ich bei der Nora, und wir melken parallel an. Jetzt schießt schon ein richtiger Strahl aus der Zitze, die Andreas anmelkt. Langsam hat er die Technik raus. Dann hängen wir gemeinsam erst bei der einen, dann bei der anderen Kuh das Melkgeschirr an, und als die Milch in den Eimer schießt, gratuliere ich Andreas feierlich zu seinem erfolgreichen Melkeinsatz, er könne es jetzt. »Erzähle es aber keinem anderen, erst recht nicht meinen Eltern«, sagt er, »das soll ein Geheimnis bleiben, ich will meine Eltern irgendwann damit überraschen, dass ich es kann.« Ich verspreche es ihm und bin stolz darauf, dass er in diesem Jahr der Sennerarbeit so offen gegenübersteht. Im letzten Jahr wollte er davon gar nichts wissen.

Dienstag ,16. Juli 2007

Neben dem normalen Alltag auf der Alm ist die Heuarbeit weiter in vollem Gange. Schon morgens ist es sehr warm. Seit der Schneeaktion hat es nicht mehr geregnet, und wir sind froh, dass das Wetter so hält. Alle helfen mit im Heu, Gabi und ich auch, und ich merke, dass mir der nachmittägliche Weg zu den Tieren immer schwerer fällt, soviel Energie habe ich einfach nicht. Aber Andreas freut sich, wenn er nicht alleine gehen muss, denn weder Elias noch Hannes oder Lena haben Interesse ihn zu begleiten. Elias fühlt sich in diesem Jahr sowieso nicht so wohl auf der Alm. Immer will er mit ins Tal. Lieber hilft er am Hof bei der Heueinfuhr, und dort wird er auch gebraucht.

Um Andreas nicht alleine zu lassen, mache ich mich deshalb meistens mit ihm auf den Weg. Bewegung hat noch keinem geschadet, denke ich dann, und ziehe mit ihm los.

Außerdem meistern wir die Stallarbeit nachmittags mittlerweile ja auch zusammen.

Heute Abend kommt Rainer, ich fahre ihn nach der Arbeit abholen. Er hat ein kleines Zelt mitgebracht. Im letzten Jahr hat er nicht gut geschlafen, weil ihn die Geräusche aus dem Stall störten. Deshalb möchte er in diesem Jahr lieber im Zelt schlafen.

Mittwoch, 17. Juli 2007

Stall, Heu, Hütte, Stall, Spielerunde, wenn noch Lust ist, aber keine Zeit zum Schreiben.

Donnerstag, 18. Juli 2007

Die Heuarbeit an der Alm geht langsam zu Ende. Deshalb sind nur noch Franz und der Großvater hier oben, weil sie einen großen Teil der Ernte nach und nach ins Tal transportieren. Jetzt wird es ruhiger.

Freitag, 19. Juli 2007

Der Tag startet wie immer. Tom schafft es morgens nicht mehr, in den Stall zu kommen. Die Tagesbeschäftigung und die abendlichen Spielerunden fordern ihren Tribut. Elias ist im Tal, Andreas und ich sind alleine für die Tiere zuständig.

Gabi will nach dem Frühstück eine kleine Wanderung machen. Mit Tom zusammen machen wir uns auf den Weg. Die anderen lungern lieber an der Hütte herum. Andreas ist enttäuscht, dass Hannes nicht mit zum Hüten geht, aber wenn man nicht muss, ist am Haus bleiben bequemer.

Wir wandern Richtung Kasermeder und drehen eine Runde über den Almweg 2.000. Als wir Andreas treffen, bleiben wir bei ihm, bis es Zeit ist zum Mittagessen zur Hütte zu gehen.

Niemand hat gekocht, also machen wir das selber. Dadurch verkürzt sich die Mittagspause, aber so ist es nun mal. In diesem Jahr spielt der Laptop, den Hannes und Rainer mitgebracht haben, eine große Rolle. Wir schauen uns gemeinsam Fotos von Hannes' Ferien an.

Nach der Kaffeezeit schlägt Rainer vor, einen Film zu gucken. Alle Kinder knubbeln sich in die Ecke der Bank und sind beschäftigt. Als es Zeit wird, die Tiere zu holen, hat natürlich niemand von den Kindern Lust, Andreas zu begleiten. Dass ich mitgehe, ist nicht das Gleiche. Andreas ist richtig sauer und enttäuscht. Warum sind die überhaupt gekommen? Warum können wir nicht eine Pause machen und nachher weitergucken? »Tja«, sage ich, »warum hast du das nicht gesagt? Dann hätten sie deinen Ärger sicher bemerkt und deinen Vorschlag angenommen.« Aber das fällt ihm schwer, und so muss er mit seinem blöden Gefühl im Bauch klarkommen.

Abends beim Abendessen spreche ich an, dass ich es blöde finde, auf der Alm Filme zu gucken und drinnen zu hocken, bei so einem tollen Wetter. Rainer hat gedacht, das wäre mal etwas ganz Besonderes, Film gucken auf der Alm, und deshalb zugestimmt, dass Hannes sein Laptop mitbrachte. So unterschiedlich kann man Dinge sehen.

Aber die abendlichen Spielerunden lassen wir uns nicht nehmen. Dabei wird wieder viel gelacht.

Andreas kann melken

Samstag, 20. Juli 2007

Heute gehen wir »aus essen«. Zur Mittagspause verabreden wir uns auf der Kaseralm. Da bin ich in diesem Jahr noch gar nicht gewesen. Ich bringe mit Andreas zusammen die Tiere weg. Er erzählt, dass auch im Grün Talele das Futter langsam knapp wird. Es war ein langer Winter, dann der Hagelsturm im Frühjahr und die Kälte bis Anfang Juli, da konnte es nirgendwo richtig wachsen.

Mittags auf der Kaseralm gibt es ein großes Hallo. Maria und Sepp freuen sich sehr, mich wiederzusehen.

Obwohl einige Gäste zu bedienen sind, lässt Maria es sich nicht nehmen, ein Schwätzchen mit uns zu halten. Alfred, der Neffe, holt sie bald aber wieder in die Küche, denn für die Zubereitung von Kaiserschmarren und Brettljause ist sie nun mal zuständig.

Auch Sepp kommt immer mal wieder zu uns, aber viel Zeit hat er nicht. So ist das auf einer bewirtschafteten Alm, die Gäste wollen bedient werden. Als es Zeit wird, die Tiere zu holen, machen sich Gabi und Lena gemeinsam mit Andreas und mir auf den Weg.

Wir wandern den Almweg 2.000 entlang und genießen den tollen Blick ins Tal. Am Grün Talele angelangt, sind wir froh, dass wir noch zwei Helfer beim Einsammeln der Tiere haben. Die Kühe sind weit verstreut, und wir müssen viel steigen und laufen, um alle zusammenzubekommen. Daran kann ich sehen, wie wenig Futter zur Verfügung steht, sonst würde sich die Herde nicht so weit verteilen.

Als wir im Stall ankommen, fordere ich Andreas auf, alleine zu melken, ich würde ihm zuschauen und gegebenenfalls helfen. Er ist einverstanden, aber etwas nervös.

Wer hätte das gedacht. Der »Stallarbeitshasser«, wie er sich im letzten Jahr noch genannt hat, schmeißt alleine die abendliche Stall- und Melkarbeit. Ich bin stolz auf ihn und auf mich, dass wir das geschafft haben.

Sonntag, 21. Juli 2007

Heute kommen meine Freundin Eva mit ihrer Enkelin Anna (sechs Jahre) und mein Patenkind Meike (15 Jahre). Sie reisen mit der Bahn, wollen in Bruneck umsteigen und dann bis Welsberg fahren, wo ich sie gegen 19 Uhr holen kann.

Gabi und die Kinder sind ins Tal, sie wollen heute die Sennerei in Innichen besichtigen.

Zur Mittagszeit bekommen wir Besuch. Martina kommt rauf und bringt Gerold und Monika mit, Gäste, die schon seit vielen Jahren bei Burgers Urlaub machen und in der Zeit immer viel mithelfen. Ich freue mich, die beiden wiederzusehen. Gerold hat sonst den Blaumann an, wenn er zur Alm hochkommt. Dann übernimmt er immer einige größere und kleinere Reparaturen. Aber heute ist Sonntag und da wird nicht gearbeitet. Also machen wir es uns vor dem Haus gemütlich. Monika will von mir lernen, wie man eine andere Art der Ferse an Socken strickt. Ich nutze die überschaubare Runde, vor Gerold und Monika gibt es keine Geheimnisse, und vertraue Martina an, dass Andreas melken kann und die Stallarbeit alleine schafft. Sie staunt nicht schlecht über ihren Sohn und freut sich sehr, dass

Franz nun nicht mehr die ganze Arbeit am Hals hat, wenn ich weg bin.

Ich sage ihr, dass ich Andreas versprochen habe, Franz nichts davon zu verraten, und sie verspricht auch, es nicht weiterzusagen. Dass ich es seiner Mutter anvertraue, damit war Andreas in der Zwischenzeit einverstanden.

Es ist ein gemütlicher Sonntagnachmittag. Es werden viele alte Geschichten erzählt, schließlich gehören Gerold und Monika fast zur Familie, und Burgers und sie haben gemeinsam schon viel erlebt.

Als es Zeit ist, die Tiere zu holen, stelle ich Andreas vor die Wahl: Entweder ich gehe mit die Tiere holen, er macht die Stallarbeit alleine, und ich fahre die neuen Gäste holen, oder er geht die Tiere alleine holen, ich fahre ins Tal und bin zur Melkzeit wieder da.

Er möchte, dass ich mit ihm gehe die Tiere einzusammeln, und wir machen uns auf den Weg. Schon beim Abmarsch an der Hütte können wir in der Ferne sehen, dass sie weit verstreut stehen. Da ist es gut, dass wir zu zweit sind.

Wieder zurück an der Hütte, erreicht mich eine SMS, meine Gäste stehen am Brennerpass. Die italienischen Bahnbediensteten streiken, es geht nicht weiter. Ich schreibe zurück, dass ich sie am Brennerpass holen komme. Das heißt, zwei Stunden Autofahrt – eine Richtung. Dann muss Andreas jetzt wirklich die Stallarbeit alleine machen. Gott sei Dank sind die anderen wieder da, falls was ist. Es ist 19.30 Uhr, ich ziehe mich um und fahre mit dem Auto ins Tal. Es ist schon eine Himmelfahrt aus dem Gsieser Tal bis zum Brennerpass. Mittlerweile ist es stockdunkel. Ich denke an die drei, die jetzt mit viel Geduld auf mich warten müssen, denn sie sitzen schon seit 18 Uhr da oben. Gott sei Dank sind keine langsamen Fahrzeuge mehr unterwegs. Aber die zwei Stunden sind tatsächlich nötig, ehe ich am Bahnhof am

Brenner ankomme. Da stehen die drei, müde, angenervt, hungrig und durchgefroren. Eine Gaststätte, in die man mit Kind und Jugendlichen hätte gehen können, war nicht offen, und in der Wartehalle sammelten sich so langsam Typen, die den dreien nicht sehr sympathisch waren. Aber jetzt bin ich ja da, das Auto ist warm, und es gibt die Aussicht, bald am Ziel zu sein. Die lange Rückfahrt verkürzen wir uns mit Erzählen und Schimpfen auf die italienische Bahn. Um 24 Uhr sind wir wieder oben an der Hütte. Die Auffahrt aus dem Tal war im Stockdunkeln besonders spannend, weil die drei ja gar keine Vorstellung von der Strecke hatten.

Die Hütte liegt still da, alle schlafen. Nein, doch nicht alle, Gabi hat auf uns gewartet. Wer Hunger hat, kann noch was essen. Eva braucht einen Schnaps. Wir richten zusammen die Betten. Eva und Anna schlafen im Sennerinnenzimmer, Meike in der guten Stube und ich in der Speiß.

Um 1 Uhr ziehen wir uns alle in unsere Betten zurück und können endlich zur Ruhe kommen.

Montag, 22. Juli 2007

Mein Tag beginnt wie immer um sechs. Tom ist auch schon auf, alle anderen schlafen noch. Zum Frühstück kommen sie aber alle langsam zusammen. Sogar Meike, die sonst eine Langschläferin ist, sitzt schon mit am Tisch. Ich empfehle den »Neuen« heute noch langsam zu tun, damit der Körper sich umstellen kann.

Andreas macht sich mit den Tieren auf den Weg. Gabi geht mit Hannes zur Pfoi, da hat die Heuarbeit begonnen, und sie wollen helfen. Eva und Meike richten sich häuslich ein. Draußen ist es sehr warm, die Sonne scheint. Ich heize den Ofen an und mache Käse, Hannes will mir helfen. Da die Pausen bei der

Käseherstellung immer sehr kurz sind, setze ich mich zwischendurch in die Sonne vor der Hütte und stricke. Eva und Meike finden sich auch ein, Anna hat den Wassertrog entdeckt und macht Wasserspiele.

Mittagessen kochen wir zusammen, Andreas ist auch pünktlich da. Mit den neuen Gästen kommt wieder mehr Leben auf die Alm, es gibt viel zu erzählen und unzählige Fragen zu beantworten.

Nach Mittagspause und Kaffee machen Andreas und ich uns auf den Weg, die Tiere zu holen. Meike zieht sich auch die Wanderschuhe an und geht mit. Beim Zusammentreiben, es ist schon eine ziemliche Schinderei, stellt sie sich sehr geschickt an und bekommt sogar ein Lob vom Hirten Andreas.

Im Stall schaut sie uns dann zu, möchte aber auch gerne mal versuchen anzumelken, mutig, mutig.

Anna und Tom haben sich als Spielkameraden gefunden und schwingen die Mistgabel und die Mistschaufel. Toll, dass jeder so seine Aufgabe findet.

Dienstag, 23. Juli 2007

Andreas zieht nach dem Frühstück wie immer mit den Tieren los. Elias, Gabi und Tom gehen heute Vormittag zur Pfoi rüber, wo sie im Heu mithelfen wollen. Sie werden zum Mittag auch nicht da sein, denn der weite Weg lohnt sich nicht. Anna schließt sich ihnen an, sodass es sehr ruhig an der Hütte wird. Eva und ich genießen die Zeit zum Erzählen. Rainer bleibt in seinem Zelt, Hannes spielen Computer, Lena und Meike beißen sich an ihren Büchern fest. Schade, dass keiner von ihnen Lust hat, Andreas zu begleiten. Da kann ich schon verstehen, dass Andreas keine Lust hat, besonders freundlich zu sein.

Zu Mittag ist er pünktlich da. Nach dem Essen verzieht er sich wieder in sein Zimmer und taucht erst zum Kaffee wieder auf.

Ich lade Eva auf eine kleine Wanderung ein. Wir wollen über die Kasermeder Richtung Grün Talele und werden die Tiere dann mit einsammeln. Ich erzähle Eva über das Almleben. Über meine Bauernfamilie, die Nachbarn und deren Almen. Als wir an der Kipfleralm vorbeikommen, sitzt da ein Junge, vielleicht sechs Jahre alt, mit seinem Stock auf der eingezäunten Wiese zwischen seiner Herde Kühe und hütet. So lernen sie das Hüten. Die Kühe können nicht weg, passieren kann nicht viel. Und trotzdem muss der kleine Hirte lernen, den ganzen Tag bei der Herde zu bleiben und das Alleinsein auszuhalten.

Als wir an den Drei Trögele ankommen, sehen wir Andreas und Meike auch aufsteigen. Gemeinsam treiben wir die Tiere zusammen und wandern zur Hütte.

Meike bleibt mit im Stall und schaut uns beim Melken zu. Andreas kann das jetzt alleine, aber zu zweit geht es schneller, also helfe ich ihm. Morgen früh soll ich Meike wecken, sie will auch melken lernen.

Bei der Abendrunde geht es wieder hoch her. Wir spielen Bingo, und als Preise gibt es die gute Aachener Schokolade, aufgeteilt in kleine Stücke.

Mittwoch, 24. Juli 2007

Müde schaut Meike mich an, als ich sie zum Melken wecke. Aber schnell ist sie auf den Beinen und geht mit in den Stall. In der Milchküche erkläre ich ihr das Melkeimerpuzzle, und sie setzt den zweiten Eimer zusammen. Im Stall gucken dann die Kühe interessiert, wer sich da einarbeiten lässt. Beim Anmelken klappt es schon nach der zweiten Zitze ganz gut. Gemeinsam hängen wir das Melkgeschirr ans Euter bei Nora, und dann kann Meike melken.

Auch die weitere Arbeit erledigen wir gemeinsam und genießen die Zweisamkeit.

Eva und Gabi haben schon den Frühstückstisch gedeckt, als wir hochkommen.

Heute geht Eva auch mit Gabi und den Kindern zur Pfoi. Sie möchte ausprobieren, ob sie auch noch die Heugabel schwingen kann, denn gelernt hat sie es früher auch mal. Da ist nur eine kleine Mannschaft an der Hütte, Andreas macht sich mit den Kühen auf den Weg. Ich gehe nicht mit, der Käse muss heute gepflegt werden, schließlich will ich ihn mitnehmen.

Donnerstag, 25. Juli 2007

Meike und ich sind schon ein eingespieltes Team. Gemeinsam verrichten wir die morgendliche Stallarbeit. Wenn die Melkeimer nicht so schwer wären, könnte sie die Arbeit fast alleine schaffen. Wir genießen beide die Ruhe in den Bergen und den Blick, wie die Sonne langsam die Bergspitzen hinunterkriecht, auf dem Weg ins Tal.

Oben in der Küche macht Eva Frühstück. Selbst Tom schläft noch tief und fest, Gabi wundert sich sehr. Heute begleite ich Andreas noch mal beim Hüten. Er erzählt mir von dem Buch, das er schreiben will, und hat schon sehr konkrete Vorstellungen über die Fantasiegeschichte, die es werden soll.

Das Heu in der Pfoi ist fertig, sodass wieder alle an der Hütte sind. Sie räumen langsam auf und machen gründlich sauber. Denn morgen reisen wir ab und wollen nicht zu spät loskommen.

Zu Mittag sitzen wir alle zusammen, als Martina kommt. Sie hat Kuchen mitgebracht, damit wir zusammen Kaffeetrinken und den Abschluss auf der Alm genießen können. Draußen, in der Sonne, hocken wir zusammen und lassen die vergangene Zeit Revue passieren. Die drei Monate im letzten Jahr wandern durch unsere Gedanken, und wir erzählen Eva viele kleine und große Episoden. Dabei wird auch mir manches deutlich, wenn ich höre, wie Martina Geschichten vom letzten Jahr aus ihrer Sicht erzählt. Für Burgers wäre es ein Sechser im Lotto, wenn sie eine Sennerin wie mich fänden, die für die nächsten Jahre den Sommer auf der Alm verbringt. Mir ist es nicht möglich, denn Familie und Arbeit warten zuhause, und das Leben da geht auch weiter. Martina erzählt, dass es wohl eine Österreicherin gibt, die im nächsten Jahr einige Wochen kommen will. In diesem Jahr wird eine Familie mit einem kleinen Kind noch einige Wochen kommen und das Almleben ausprobieren. Ob das gut geht, mit so einem Säugling. Aber melken und hüten möchte keiner von ihnen. Also wird Franz doch immer raufkommen müssen. Wie gut, dass Andreas gelernt hat zu melken, ich bin ganz stolz auf ihn. Martina bestätigt ihm, dass das eine tolle Nachricht sei und Franz sich sicher riesig freue, denn dann hätte er die Nachmittagstour gespart. So habe ich eine bleibende Hilfe nach meiner Abreise hinterlassen.

Der Nachmittag verfliegt schnell, und es ist wieder Zeit, die Tiere zu holen. Wir verabreden uns zum Pizza-Essen für abends. Andreas, Meike und ich ziehen los, um die Tiere zu holen. Die anderen werden jetzt der Reihe nach duschen und sich fertigmachen, damit alle durch sind, wenn wir wieder da sind und das warme Wasser für die Milchküche brauchen. Sie werden dann auch zu Fuß ins Tal wandern. Meike, Andreas und ich kommen hinterher mit dem Auto.

Auf dem Weg in die Berge können wir wieder sehen, dass

es auch heute ein anstrengender Zusammentrieb werden wird. Denn schon von Weitem zeigt sich, alle Tiere stehen weit verstreut in den Hängen. Na, dann mal frisch ans Werk!

Zu dritt klappt es doch sehr zügig, und wir sind pünktlich wieder am Stall. Die Wanderer machen sich auf den Weg, Meike geht duschen, Andreas und ich melken und machen die Stallarbeit. Als Meike ruft, sie wäre fertig, schicke ich Andreas hoch und beende die abendliche Arbeit. Zuletzt stelle ich mich noch unter die Dusche, damit niemand nach Stall riecht, wenn wir ausgehen. Wir laden die Milch ins Auto und fahren ins Tal. Bei Burgers füllen wir die Milch in den großen Kühlbehälter. Die anderen sind schon zur Pizzeria, wir fahren hinterher.

Da sitzen sie in großer Runde, alle vertrauten Gesichter. Ein bisschen Wehmut schleicht sich bei mir ein. Es war in beiden Jahren eine sehr intensive, erlebnisreiche Zeit. Ich stelle fest, mit Burgers habe ich neue Freunde gefunden, deren Haus und deren Alm immer für mich offen stehen. Das betont Franz an diesem Abend mehrmals. Auch mit Gruppen darf ich jederzeit kommen. Die Pizza schmeckt köstlich, die Münder stehen vom Erzählen nicht still, der Abend verfliegt wie im Nu und bald heißt es Abschied nehmen.

Martina und Franz werden wir morgen nicht mehr sehen, Elias fährt heute mit hoch, dann ist er ab morgen mit Andreas zusammen oben. Franz schlägt vor, dass Rainer auch mit dem Auto hochfahre, er nimmt das auf seine Kappe. Dann braucht keiner noch zwei Stunden zu Fuß zu laufen, in der Nacht. Oder ich muss zweimal im Dunkeln hoch- und runterfahren. Außerdem haben sie ihr Auto morgen oben zum Beladen, und auch da muss ich nicht zweimal fahren wegen des Gepäcks. Eine sehr gute Idee.

Dann verabschieden wir uns. Wir wissen alle, ein solcher Sommer wie im letzten und in diesem Jahr kommt nicht mehr wieder. Allen fällt das Abschiednehmen schwer, aber besonders Martina, Franz und mir. Es war eine tolle Zeit. Zum letzten Mal fahren wir im Dunkeln den Berg hinauf, eine Abenteuerfahrt, die ich immer sehr genossen habe. Müde fallen alle ins Bett – ob ich wohl schlafen kann?

Freitag, 26. Juli 2007

Aufstehen, Melken, Stallarbeit, alles zum letzten Mal. Meike hat auch die Routine erlangt, die sie als Sennerin bräuchte, ich bin sehr stolz auf sie. Tom unterstützt uns. Weil es heute zum letzten Mal ist, hat er sich extra von Gabi wecken lassen, damit er pünktlich unten ist. Als wir zum Frühstück hochkommen, sind Eva und Gabi schon fleißig. Die anderen schlafen noch. Anna schläft auch noch tief und fest. Gestern war es doch sehr spät geworden und dann noch den ganzen Tag an der Luft und in Aktion, da brauchen Kinder manche Mütze Schlaf mehr. Zum letzten Mal wecke ich Elias und Andreas mit meiner »sanften« Stimme. Die werden sie sicher vermissen. Als wir um den Frühstückstisch sitzen, kommt keine lustige Stimmung auf. Die Hirten denken sicher an die Zeit, die jetzt vor ihnen liegt. Franz wird ab heute die Sennerei wieder übernehmen, bis im September die neue Familie kommt, endgültig sicher ist das noch nicht. Bevor sich die Hirten mit den Tieren auf den Weg machen, gibt es ein großes Verabschieden. Mir ist ums Herz schwer, auch wenn ich mich freue, nach Hause zu kommen.

Wir winken Andreas und Elias nach, bis sie um die Kurve verschwunden sind.

Dann packen Rainer und Gabi ihre Habseligkeiten ins Auto und fahren ins Tal. Es bleibt nur noch, eine gute Fahrt zu wünschen, ein letztes Umarmen. Eva, Meike, Anna und ich packen auch die Reste zusammen.

Wir kommen früh weg, das ist gut, denn wir haben noch eine weite Fahrt vor uns.

Anna läuft noch mal durch alle Räume, Meike füllt sich Almwasser in ihre zweite Trinkflasche, weil das am besten schmeckt. Eva und ich schreiben einen Gruß an die Hirten und legen ihn auf den Tisch. Wer weiß, ob ich es jemals noch mal schaffe, einen Sommer auf der Alm zu verbringen.

Was ich noch sagen wollte

Meine Almzeit ist jetzt sechs Jahre her. Es vergeht kein Tag, an dem mir nicht ein Bild von der Alm in den Kopf kommt. Die Freundschaft mit den Burgers hat bis heute gehalten.

Im letzten Jahr haben mich die Hirten nach Weihnachten besucht. Das war eine sehr schöne Zeit, die gewachsene Vertrautheit ist bis heute geblieben.

Mit allen, die mich auf der Alm besucht haben, mit mir dort eine kurze oder lange Zeit gelebt haben, verbindet mich auch etwas Besonderes. Dieses Zusammenleben war prägend.

Mein besonderer Dank gilt meinem Mann und meinen Söhnen, die mir diese Erfahrung ermöglicht haben.

Danke sagen möchte ich Franz und Martina Burger für ihr Vertrauen und meiner Mutter für die tatkräftige Unterstützung in den ersten Wochen.

Bei der Fertigstellung dieses Buches haben mir Hildegard, Meike, Elisabeth, Margret, Christian und Birgit sehr geholfen, denen ich auch herzlich dafür danken möchte.

Rott, Januar 2012

Inhalt

Besuchen Sie uns im Internet:

www.karin-fischer-verlag.de

www.deutscher-lyrik-verlag.de

Bibliografische Information
der Deutschen Nationalbibliothek
Die Deutsche Nationalbibliothek verzeichnet
diese Publikation in der Deutschen Nationalbibliografie;
detaillierte bibliografische Daten sind im Internet über
http://dnb.d-nb.de abrufbar.

Originalausgabe · 1. Auflage 2014
© 2014 Ruth Richter
© 2014 für diese Ausgabe Karin Fischer Verlag GmbH
Postfach 102132 · D-52021 Aachen

Gesamtgestaltung: yen-ka
Umschlaggestaltung unter Verwendung
von Fotografien von Ruth Richter
© Ruth Richter

ISBN 978-3-8422-4263-0